Meditationsgeste

5 90 95 116

93 94

Sondergesten

119

Europäisch sitzende Buddhas

31

115 116

120 122

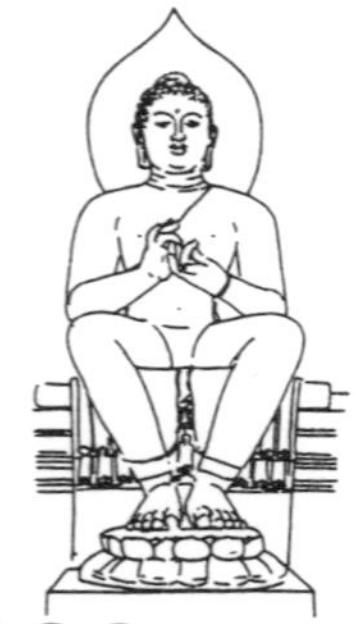

21 22 23 83

118

123

92 97 100

126

125

Stehende, schreitende und liegende Buddhas

s. Rückendeckel innen

Buddhabildnisse –
ihre Symbolik und Geschichte

HANS WOLFGANG SCHUMANN

BUDDHABILDNISSE

IHRE SYMBOLIK UND GESCHICHTE

WERNER KRISTKEITZ VERLAG

Zum Einbandbild:
Kleinstele des Buddha Gautama, Gupta-Zeit 5./6. Jh. n. Chr.
Fundort: Sārnāth, heute im *Indian Museum*, Kalkutta

Druck: Beltz, Hemsbach

ISBN 3-932337-03-4

Internet: www.kristkeitz.de

Inhalt

II.
Die Buddhas der Vorzeit und der Buddha der Zukunft

III.
Die Buddhas der Weltquartiere

IV.
Zum einen Buddha zurück: der Ādibuddha

Anhang

Vorwort

Wie alle religiöse Kunst ist auch die des Buddhismus eine Symbolkunst: Ästhetische Betrachtung allein schließt den Sinn ihrer Bildwerke nicht auf. Man mag die stolze Eleganz der gräkobuddhistischen Skulpturen bewundern, mag die Innigkeit der Gupta-Plastiken nachempfinden – verstehen kann man ein Buddhabildnis erst dann, wenn man seinen Symbolgehalt begreift: die Bedeutung der dargestellten Szene, den Sinn der Handgesten und die Funktion der beigegebenen Attribute. Sakralkunst soll den Gläubigen belehren und erst an zweiter Stelle erbauen, deshalb ist für den Bekenner – anders als für Museen und Sammler – ein mittelmäßiges, aber unbeschädigtes Bildwerk wertvoller als ein Meisterwerk, dem Arme und Beigaben weggebrochen sind oder das vom ikonographischen Kanon abweicht. Voraussetzung jeglichen Verstehens freilich ist, dass der Betrachter sich mit der Ikonographie des Buddhabildes vertraut gemacht hat. Der Erläuterung der Darstellungen des historischen Buddha Gautama dient das erste Hauptkapitel des vorliegenden Buches.

Das zweite Hauptkapitel befasst sich mit den Buddhas der Vergangenheit und dem der Zukunft. Alle auf Erden erschienenen Buddhas sind verschiedenen Epochen zugeordnet, denn nach frühbuddhistischer Überzeugung kann es niemals mehrere Buddhas gleichzeitig in der Welt geben. Die Buddhas des frühen Buddhismus sind *Buddhas der Zeiten*.

Der Mahāyāna-Buddhismus, behandelt im dritten Hauptkapitel des Buches, schafft diese Überzeugung aus der Welt und lehrt, dass es auch gleichzeitige Buddhas gebe: verteilt über die Richtungen der Windrose. So entstand das Maṇḍala der *Buddhas der Raumquartiere*.

Der Tantrayāna-Buddhismus schließlich, im vierten Hauptkapitel skizziert, empfand dies als eine Verzettelung, die es rückgängig zu machen gelte, und erhob den zentralen Buddha zum Ādibuddha, zum »*Urbuddha*«, der das Wesen aller Buddhas in sich vereint und das Absolute in Reinform personifiziert. Die Vielheit der Buddhas war damit wieder auf *einen* zurückgeführt.

Der ideale Leser wäre derjenige, der das Buch von A bis Z liest und die Geschichte des Buddhabildes vom Beginn bis zum Schluss verfolgt. Aber solche Leser sind selten. Die Mehrheit der Benutzer wird sich rasch über die ikonographische Bedeutung einer ihnen gezeigten Buddhaskulptur informieren wollen. Für sie ist die Übersicht auf dem Vorsatzblatt und der Innenseite des Rückendeckels des Buches gedacht, in der man die interessierende Grundform des Buddha mit Bildverweis findet und ihre Bedeutung dann im Buch nachschlagen kann.

In Indien ist der Buddhismus entstanden, von Indien aus hat er seinen Siegeszug durch Asien angetreten, Nordindien ist für alle Buddhisten das heilige Land. Dennoch hat sich die Lehre des Buddha im Heimatland ihres Stifters nicht halten können: Im 13. Jahrhundert verlosch sie auf dem Subkontinent, lebt aber fort in Ländern um Indien herum – man spricht vom indo-asiatischen Kulturkreis. Der Leser sollte deshalb nicht erstaunt sein, wenn er auf den folgenden Seiten Abbildungen nicht nur indischer, sondern ebenso außerindischer Kunst begegnet. Auch die heute islamischen Länder Afghanistan, Pakistan und Indonesien waren einst buddhistisch und haben – für Afghanistan gilt: hatten[1] – großartige buddhistische Kunstschätze aufzuweisen. Mit anderen Worten: Das vorliegende Buch behandelt die Buddhaikonographie Indo-Asiens; die Kunst der ostasiatischen Länder China, Korea und Japan wird nur gelegentlich berührt. Fragen des Stils und seiner Entwicklung werden nur gestreift. Wichtig war mir in der vorliegenden Arbeit, zu allen das Leben des Buddha schildernden Szenen die zugrunde liegende Textstelle in den Pāli- oder Sanskrittexten zu identifizieren. Sämtliche Begriffe und Namen werden in Sanskrit in der international üblichen Transliteration angegeben, auch wenn die Bezugsstelle ein Pālitext ist.

Sehr herzlich danke ich den Damen und Herren, die am Zustandekommen des Buches mitgewirkt haben. Meine liebe Frau Gerda-Maria hat, wie schon so lange, Telefonate und andere Störungen von mir fern gehalten und mir dadurch mehr Zeit zum Schreiben verschafft. Der Zürcher Kunsthistoriker und Asien-Buchhändler Michael Henss und der Berliner Indologe und Asien-Kunsthistoriker Dr. Heino Kottkamp stellten mir ihre Listen von Büchern zur Geschichte und Ikonographie des Buddhabildes zur Verfügung und komplettierten damit die Bibliographie des Buches. Dr. Kottkamp hat darüber hinaus das Manuskript nicht nur gelesen, sondern sich mit ihm auseinandergesetzt. Das Ergebnis waren wertvolle Vorschläge und Verbesserungen, die fast ausnahmslos in dem Buch berücksichtigt wurden. Sachhinweise und stilistischen Rat verdanke ich des Weiteren dem Bonner Indo- und Tibetologen Dr. Helmut Eimer und seiner Frau, der Apothekerin Gertraud Eimer, die, wie schon mehrfach zuvor, auch dieses Manuskript gegengelesen und kritisch kommentiert haben.

Hans Wolfgang Schumann

Der Buddha in Geschichte und Legende

Der Buddha der Historie

Der Mann mit dem Ehrentitel eines *Buddha*, eines Erwachten oder Erleuchteten, ist eine historische Person und lebte in Nordindien von 563 bis 483 v. Chr. Einige moderne Indienhistoriker haben allerdings Zweifel an dieser Datierung und setzen ihn rund hundert Jahre später an – sie sehen in ihm einen Zeitgenossen des Sokrates (469-399).[2]

Über das Leben des Siddhārtha Gautama, des Buddha, sind wir unterrichtet durch den Kanon von Texten, mit dessen Kompilation der buddhistische Mönchsorden schon wenige Monate nach dem Tode des Meisters begann. Von zwei weiteren Konzilen überprüft und angereichert, wurde der Kanon lange mündlich überliefert, bis man ihn im 1. Jh. v. Chr. auf der Insel Ceylon in der Pālisprache niederschrieb. Der Pālikanon ist bis heute erhalten geblieben und liegt in Druckausgaben und Übersetzungen vor. Er ist arm an Wundergeschichten und führt uns den Buddha realistisch vor: als philosophischen Denker, Respekt gebietenden Lehrer und juristisch beschlagenen Ordensorganisator, der mit den beiden größten Königen seiner Zeit in freundschaftlichem Kontakt stand. Dem Pālikanon entnimmt die Kunst Asiens die Bildmotive, die den *historischen* Buddha darstellen.

Siddhārtha Gautama, der spätere Buddha, wuchs auf in Kapilavastu, der Hauptstadt des Śākya-Stammes im südlichen Himālaya-Vorland im heutigen Nepāl. Er war der Sohn des Adligen (kṣatriya) Śuddhodana Gautama, der zum Rāja, zum Gouverneur der oligarchischen Śākya-Republik gewählt worden war. Die Śākya-Republik war dem in Śrāvastī residierenden Mahārāja (König) von Kośala unterworfen und besaß Halbsouveränität.

Der buddhistische Kaiser Aśoka besuchte den Geburtsplatz des Buddha bei Lumbinī im 20. Jahr seiner Herrschaft, d. h. etwa 253 v. Chr. Zur Ehrung der Stätte ließ er eine Steinsäule mit Inschrift aufrichten. Durch sie wurde Lumbinī im 19. Jh. wieder entdeckt.

Kapilavastu ist Siddhārthas Heimatstadt, aber er wurde nicht dort geboren. Seine Mutter Māyā war mit Gefolge von Kapilavastu aufgebrochen, um nach der Sitte der Zeit ihr Kind in ihrem Elternhaus in Devadaha zu gebären. Aber schon unterwegs, bei dem Dorf Lumbinī, kam das Kind zur Welt – im Schatten eines Baumes. Man brachte die Mutter und ihr Neugeborenes nach Kapilavastu zurück, wo Māyā eine Woche später starb. Die Pflege des kleinen Siddhārtha übernahm (Mahā)Prajāpatī, die Schwester der verstorbenen Māyā, die gleichfalls mit dem Rāja Śuddhodana verheiratet war.

In die sozialen Bequemlichkeiten einer Rāja-Familie hineingeboren, war die Jugend Siddhārthas ohne Not. Mit 16 wurde er mit einer gleichaltrigen Kusine verheiratet, als das Paar 29 war, wurde ihnen ein Sohn geboren, der den Namen Rāhula erhielt. Sofort danach setzte Siddhārtha einen Entschluss in die Tat um, den er wohl schon länger gehegt hatte: Er verließ Eltern, Gattin, Kind und Heimat, um sich als hausloser Bettelmönch der Suche nach Erlösung vom Leiden zu widmen. In die Kutte eines besitzlosen Wandermönchs gekleidet begab sich der junge Adlige von Kapilavastu nach Südosten über den Gaṅgā-Fluss ins Königreich Magadha. Die Folgezeit sah ihn unweit von Rājagṛha als Schüler zu Füßen zweier religiöser Lehrer – des Āṛāda Kālāma und des Rudraka Rāmaputra.

Āṛāda lehrte Yoga-Versenkung und Trance, Rudraka vertrat die Philosophie der Upaniṣaden. Von beiden Mentoren war Siddhārtha enttäuscht, jedoch erwies sich die Kenntnis ihrer Lehren später für ihn wertvoll: Denkelemente beider Mentoren finden sich in Siddhārthas eigenem System wieder.

Nach seiner Abkehr von den beiden Lehrern zog Siddhārtha sich in der Nähe von Uruvilvā in den Wald zur Askese zurück. Was immer an Selbsttorturen denkbar ist, probierte er durch. Fasziniert von seiner Striktheit hatten sich ihm fünf andere Asketen angeschlossen. Keiner von ihnen zweifelte daran, dass Siddhārtha als Erster die Erlösung erreichen werde.

Mehrere Jahre betrieb er solche Askese. Eines Tages aber sah er ein, dass die Schwächung des Körpers auch den Geist in Mitleidenschaft zieht. Er nahm wieder ausreichend Nahrung zu sich, um zu Kräften zu kommen, und schlug einen anderen Weg zur Erkenntnis ein: Die Meditation. Enttäuscht über Siddhārthas vermeintlichen Rückfall ins weltliche Leben ließen die fünf Askesegefährten ihn im Wald allein.

Schon bald erwies sich die Meditation als der richtige Weg. In der Vollmondnacht des Mai im Jahre 528 v. Chr. verwirklichte Siddhārtha Gautama beim heutigen Bodhgayā (90 km südlich von Patna) unter einem Pippala-[3] oder Aśvattha-Baum sitzend, die Erleuchtung (bodhi): Durch die Erkenntnis des Leidens, seines bedingten Entstehens und der Möglichkeit seiner Aufhebung, war er ein *Buddha*, ein Erwachter und Erlöster geworden, hatte er das Nirvāṇa verwirklicht. 35 Jahre war er alt, sechs Jahre waren seit seinem Auszug in die Hauslosigkeit vergangen.

Der Ort von Siddhārthas Erkenntnisdurchbruch (bodhi) zur Buddhaschaft und Erlösung in Bodhgayā ist durch den 55 m hohen Mahābodhi-Tempel markiert.

Aber weniger der Tempel als der Erleuchtungsbaum an seiner Westfassade ist das Ziel der Pilger. Der Baum wurde in den 2.400 Jahren seit Gautamas Bodhi mehrfach durch Abkömmlinge des originalen Erleuchtungsbaums ersetzt.

Es waren Siddhārthas ehemalige Mitasketen, die seine ersten Jünger wurden. Nach langem Marsch traf der junge Buddha sie in der Nähe von Benares (Vārāṇasī) wieder und trug ihnen im Wildpark Ṛṣipaṭana (Sārnāth) seine Lehre vor – er setzte damit »das Rad der Lehre« in Gang, wie es in den Pālitexten heißt. Mit der Bekehrung der fünf und ihrer Ordination zu Mönchen (bhikṣu) trat der buddhistische Mönchsorden (saṅgha) ins Leben. Wenig später bildete sich auch eine Gemeinde von Laienbekennern.

Ausgangspunkt des buddhistischen Denkens ist das Erlebnis des Leidens (duḥkha). Gautamas »Wahrheit vom Leiden« stellt fest, dass alles Leben untrennbar mit Altern, Krankheit und Tod, mit Schmerz, Trauer, Trennung und Enttäuschung verbunden ist. Auf der Welt sein heißt, Leiden erfahren zu *müssen*.

Sich mit dieser Tatsache abzufinden wäre leichter, wenn das Leben mit dem Sterben zu Ende wäre. Das aber ist nicht so: Nach dem Tod erwartet uns

Der Dhamekh-Stūpa von Sārnāth bei Benares (Vārāṇasī) kennzeichnet die Stelle, wo der Buddha den fünf ehemaligen Mitasketen seine erste Lehrrede hielt. Hier entstand auch der Mönchsorden. Nordwestlich des Stūpa erstreckt sich ein Areal mit den Ruinen alter Klöster.
Stūpas sind massive Steinmale ohne betretbaren Innenraum, meist bergen sie eine Reliquie. Sie werden verehrt durch Umschreiten in Rechtsrichtung.

Wiedergeburt. Als Wanderer im Geburtenkreislauf begegnen wir dem Leiden immer aufs Neue: Grund genug, einen Weg zur Erlösung zu suchen.

Ist der Zwang zur Wiedergeburt auch beängstigend, tröstlich ist immerhin, dass die Wiedergeburt einer erkennbaren Gesetzlichkeit folgt. Wer überwiegend Gutes getan hat, wird nach dem Tode eine relativ angenehme Daseinsform erlangen, nämlich Lebensumstände, die der Qualität seines alten Tuns (karman) entsprechen. Jeder hat sein gegenwärtiges Dasein selbst verursacht, jeder kann seine wiedergeburtliche Zukunft durch sein Handeln selbst bestimmen.

Der Buddha hat keinen Zweifel an der Wiedergeburt, aber er bestreitet Seelenwanderung. Nach seiner Erkenntnis gibt es nichts Ewiges in der Welt, auch keine den Tod überdauernde Seele (ātman). Die Wiedergeburt vollzieht sich durch kausale Abhängigkeit. Jede Existenzform *bedingt* eine weitere, ohne dass sich ein Seelenfaden durch die Folge von Wiedergeburten hindurchzöge. Die Verneinung einer (ewigen) Seele ist das markanteste Kennzeichen des Buddhismus, das diese Religion von allen anderen unterscheidet.

Die zweite Wahrheit des Buddha, die »Wahrheit vom Ursprung des Leidens«, erkundet die Ursache der Wiedergeburt und stellt fest: Es ist die Gier, die die Wesen von Dasein zu Dasein treibt: Das Begehren nach Freuden ist der Erzeuger des Leidens. Später stellte Gautama dem Leidensantrieb Gier die weiteren Antriebe Hass und Unwissenheit zur Seite. Gier, Hass und Wahn halten den leidvollen Kreislauf der Wiedergeburt in Gang.

Die dritte Wahrheit des Buddha ist die »von der Leidensaufhebung«. Sie konstatiert, dass die Erlösung von Wiedergeburt und Leiden durch die Vernichtung der Leidensursache(n) Gier (Hass und Unwissenheit) möglich ist:

Der Geiergipfel oberhalb von Rājagṛha gewährt freien Blick auf die ehemalige Königsstadt. Etwa 60.000 Menschen haben einst hier gelebt, heute bedeckt schütteres Buschwerk das unbewohnte Tal. Der Buddha hat den Geiergipfel gern besucht; zahlreiche Lehrreden hat er hier gehalten.

Wenn sie vernichtet sind, entfallen auch ihre Wirkungen. Die vierte Wahrheit schließlich, die »vom Wege zur Aufhebung des Leidens«, gibt die Verhaltensweisen an, die Gier, Hass und Wahn versiegen lassen, und beschreibt den achtspurigen Weg ethischen und selbstlosen Handelns. Er besteht aus

- rechter Ansicht,
- rechter Gesinnung,
- rechter Rede,
- rechtem Verhalten,
- rechtem Lebensunterhalt,
- rechter Anstrengung,
- rechter Achtsamkeit und
- rechter Meditation.

Nirvāṇa, der Erlösungszustand des Verlöschens, wird definiert als die Vernichtung von Gier, Hass und Unwissenheit und als Freiheit von der Wiedergeburt. Im *nach*todlichen Nirvāṇa sind auch die körperlichen Bestandteile von dem Erlösten abgefallen, er lässt sich mit unserer innerweltlichen Sprache nicht mehr beschreiben:

> Wie eine Flamme, ausgeweht vom Winde,
> verweht ist und Begriffe nicht mehr passen,
> so der von Leib und Geist befreite Weise:
> Er ist nicht mehr begrifflich zu erfassen. (Snip 1074)

Einer der ersten Orte, die der Buddha nach dem Beginn seiner Missionstätigkeit aufsuchte, war Rājagṛha, die Residenzhauptstadt des Magadha-Reiches. Schon das erste Gespräch, das der Buddha mit Bimbisāra, dem Mahārāja von Magadha führte, gewann den König für die Lehre. Vor einer großen Schar von Augenzeugen erklärte der Herrscher sich zum Laienbekenner; tags darauf schenkte er dem Buddha einen Klosterhain. Die Lehre und der buddhistische Mönchsorden waren damit in Magadha staatlich gebilligt.

Der reiche Kaufmann Anāthapiṇḍada aus Śrāvastī, der dem Buddha in Rājagṛha begegnet war, bewog ihn dazu, seine Lehre auch in Śrāvastī darzulegen. Der Meister folgte der Einladung ein Jahr später. Anāthapiṇḍada hatte inzwischen bei Śrāvastī einen Park erworben, den er dem Buddha als Klostergelände zum Geschenk machte.

Es war bei diesem Aufenthalt in Śrāvastī, der Hauptstadt des Kośala-Reiches, dass der Buddha dem zweiten großen König seiner Zeit begegnete, dem Kośala-Mahārāja Prasenajit. Anfänglich skeptisch gegenüber dem Erlöstheitsanspruch des jungen Śākya-Adligen, wurde Prasenajit doch bald für dessen Lehre gewonnen. Zwischen den beiden Männern erwuchs eine herzliche Freundschaft. Damit war der Buddhadharma auch nördlich des Gaṅgā-Flusses staatlich anerkannt.

Die Bräuche im Mönchsorden folgten im Wesentlichen den Gepflogenheiten der in Indien häufigen Wanderbettler (śramaṇa). Wie der Buddha selbst waren seine Mönche zu zölibatärem Leben, zur Besitzlosigkeit, zum Almosenbetteln und zum Umherwandern verpflichtet; nur während des jährlichen Monsunregens (Juni bis September) hatten sie sich eine Regenhütte zu bauen und sesshaft zu bleiben. Als Kleidung waren ihnen drei gelbe Tücher erlaubt, dazu Gürtelband, Almosentopf, Wasserfilter, Schermesser und Nadel.

Armut war ein Gebot für Mönche, für den Menschen im weltlichen Leben aber ein Übel, das war die Überzeugung des Buddha. Er befürwortete deshalb wirtschaftliche und handwerkliche Tätigkeiten, ja gab in Gleichnissen sogar Hinweise, welche Fähigkeiten zum Kaufmannsberuf nötig sind und wie die Gewinne zu verwenden seien. Statt der von den Berufsbrahmanen propagierten teuren Opfer empfahl er gute Werke und Almosenspenden. Es ist kein Zufall, dass dem Orden von den Handel- und Gewerbetreibenden erhebliche Hilfe zufloss.

Zwiespältig blieb des Buddha Haltung gegenüber Frauen. Einerseits waren sie eine Quelle ständiger Irritation für den Mönch und lenkten ihn von der Erlösungssuche ab, andererseits besaßen sie dieselbe Erlösungsfähigkeit wie Männer. Erst nach langem Bedenken gestand der Buddha seiner Stief- und Pflegemutter Mahāprajāpatī zu, einen Nonnenorden zu gründen. Der Sympathie der Frauen zum Buddha und dem Orden hat dies nicht geschadet. Laienbekennerinnen machten dem Saṅgha große Schenkungen und erwiesen den Mönchen bei der Vorsprache um Almosen, in der Regenzeit und bei Krankheit viele Wohltaten.

Wie der Meister selbst waren auch seine Bhikṣus als Missionare erfolgreich. Schon bald nach der Gründung des Ordens hatte der Buddha sie angewiesen, sich in verschiedenen Richtungen als Darleger der Lehre auf den Weg zu machen; einige Zeit später gab er ihnen die Erlaubnis, selber neue Bhikṣus zu ordinieren. Der Orden war damit von seinem Stifter abgekoppelt und in der Lage, ein Eigenleben zu führen. Etwa fünf Jahre nach Beginn der buddhistischen Mission waren die gelben Mönche in allen Teilen Nordindiens ein gewohnter Anblick.

Das Wandergebiet des Buddha erstreckte sich über ein Areal von 600 mal 300 km Ausdehnung. Der westlichste Punkt war Kauśāmbī an der Yamunā (35 km südwestlich von Allahābād), der östlichste die Stadt Campā (50 km östlich von Bhāgalpur). In Nord-Süd-Richtung reichten seine Reisen von Kapilavastu (95 km nordwestlich von Gorakhpur) bis nach Uruvilvā (10 km südlich von Gayā). Da es ihm wichtig war, die Lehre nicht nur Dorfleuten, sondern vor allem den Gebildeten vorzutragen, richtete er die Wanderungen so ein, dass sie die größeren Orte und Städte berührten, wo die Gebildeten sich konzentrierten. Meistens folgte er den Handelsrouten der Kaufleute.

Die 45 Jahre der Lehrtätigkeit des Buddha lassen sich unterteilen in die Phasen des Sieges, der Konsolidierung und der Lebensneige. Die erste Phase war voll der Triumphe. Strahlend vom Erlebnis der Erleuchtung, getragen von der Überzeugung, erlöst zu sein und beschwingt von der Freude, die Botschaft vom Wege zur Leidfreiheit weitergeben zu können, legte der Buddha Königen und Asketen, Bürgern und Bauern die Lehre dar. Sein Charisma gab allem, was er sagte, den Anhauch des Besonderen.

Die zweite und längste Missionsperiode war die der Bestandsicherung. Der Buddha war als eines der führenden Schulhäupter seiner Zeit anerkannt, die beiden größten Könige Nordindiens waren ihm zugeneigt, zahlreiche Wohnhaine und Klöster standen dem Orden zur Verfügung. Statt neuen, aber voraussetzungslosen Hörern die Grundzüge des Dharma darzulegen, sprach er lieber vor fortgeschrittenen Mönchen, denn es lag ihm daran, sie so zu schulen, dass sie die Lehre ohne Entstellung an zukünftige Generationen weitergeben konnten.

Etwa vom 70. Lebensjahr an machten ihm Krankheiten zu schaffen. Ein Rückgratleiden quälte ihn und hinderte ihn daran, lange zu stehen. Wenn er sich setzte, lehnte er sich gegen eine Wand oder Säule. Mehrfach passierte es, dass er eine Lehransprache wegen der Schmerzen nicht fortsetzen konnte und einen seiner Meisterjünger bat, die Belehrung zu Ende zu führen.

Unerfreuliche Entwicklungen brachte das letzte Lehrjahrzehnt des Buddha, die Dekade seiner Lebensneige. Devadatta, ein Vetter und zugleich der Schwager des Buddha und Mönch in seinem Orden, trat eines Tages vor den Meister hin und erklärte, er sei alt und verbraucht, besser wäre es, ihn, Devadatta, mit der Leitung des Ordens zu betrauen. Der Buddha wies den Vorschlag ab.

Um sein Ziel dennoch zu erreichen, bediente sich Devadatta des Prinzen Ajātaśatru, des Sohnes des Mahārāja Bimbisāra. Er hetzte ihn auf, seinen Vater zu ermorden, um die Herrschaft über Magadha selbst zu übernehmen. Zwar wurde das Attentat vereitelt, aber König Bimbisāra war von der Vorahnung weiterer Mordanschläge so geängstigt, dass er zugunsten seines Sohnes abdankte. Ajātaśatru, von solcher Nachgiebigkeit ungerührt, ließ seinen Vater ins Verließ werfen und dort verhungern.

Zum Mahārāja des Magadha-Reiches geworden, gab Ajātaśatru dem Devadatta freie Hand, auch seine Interessen durchzusetzen. Devadatta stiftete darauf drei Attentate auf den Buddha an – mit dem Schwert, durch Steinigung und durch einen wütenden Elefanten: alle misslangen. Wahrscheinlich hätte er noch weiter intrigiert, wenn nicht sein Tod dem ein Ende gemacht hätte.

Wie in Magadha, so trat auch im Königreich Kośala, nördlich der Gaṅgā, ein Herrscherwechsel ein. Durch den Verrat eines Generals, der einen geheimen Groll gegen den Kośala-Mahārāja Prasenajit hegte, kam dessen Sohn Virūḍhaka auf den Thron. Sofort nutzte dieser seine Macht, um einen Racheplan gegen die Śākyas auszuführen, die seinem Vater vor Jahrzehnten ein gemischtkastiges Mädchen als Braut gesandt hatten, das dann seine, Virūḍhakas, Mutter geworden war. Mit seinem Heer rückte er gegen Kapilavastu, die Heimatstadt des Buddha, vor, tötete ihre Bewohner und setzte die Stadt in Brand.

Die letzte Regenzeit seines achtzigjährigen Lebens brachte der Buddha unter der Betreuung des Bhikṣu Ānanda bei Vaiśālī zu. Nach einer Krankheit, die er nur knapp überlebte, nahm er am Ende des Monsuns seine Wan-

Kuśinagara, wo der Buddha ins Totalverlöschen (parinirvāṇa) eintrat. Der Stūpa bezeichnet die Sterbestätte, die Halle den Ort der ersten Aufbahrung. Sie enthält eine Großskulptur des Buddha und zeigt ihn als Toten auf der rechten Körperseite liegend.

dertätigkeit wieder auf, begleitet von einigem Gefolge. In winzigen Tagesmärschen ging es nach Nordwesten.

Bei dem Örtchen Pāvā wurden der Meister und seine Schar von dem Schmied Cunda zu einer Morgenmahlzeit eingeladen. Der Gastgeber hatte sich mit den Speisen Mühe gegeben, dennoch: ein Gericht erwies sich als unbekömmlich. Der Buddha erkrankte an Ruhr und Koliken. Unter Schmerzen schleppte er sich über mehrere Etappen weiter bis Kuśinagara, wo Ānanda ihm unter Bäumen ein Lager bereitete. Jeder ahnte, dass der Tod des greisen Lehrers bevorstand. Ānanda brach in Tränen aus. Voll bewusst und bei klarem Verstand gab der Buddha letzte Anweisungen.

Er war Nacht, als er die Bhikṣus ein letztes Mal ansprach. Mit der Ermahnung, im Streben nach Erlösung nicht nachzulassen, ging er ins Vollkommene Verlöschen ein.

1,5 km östlich von Kuśinagara liegt der Platz, wo der Leichnam des Buddha verbrannt wurde. Schatzsucher und Ziegelplünderer vieler Jahrhunderte haben den Erinnerungsstūpa durchwühlt und teilweise abgetragen. Um 1980 hat der indische Archäologische Dienst den Stūpa vermauert, um weitere Beschädigungen zu verhindern.

Sieben Tage später wurde sein Leichnam bei Kuśinagara eingeäschert. Die Knochenreliquien und die Holzasche wurden an mehrere nordindische Adelsgeschlechter zur Beisetzung in der jeweiligen Hauptstadt verteilt. Alle Empfänger ehrten den großen Toten, indem sie über seinen Resten Stūpas errichteten.

Der Pālikanon ist von Legenden zum Leben des Buddha fast frei, eine Ausnahme bildet nur die 123. Lehrrede der Mittleren Sammlung (Majjhimanikāya), die die wunderbaren Ereignisse vor, bei und nach Siddhārthas Geburt beschreibt. Vielleicht gab diese Lehrrede den Anstoß, dass legendenhafte Buddhabiographien entstanden. Als solche zu nennen sind das *Mahāvastu*, der *Lalitavistara* und die *Nidānakathā*. Bei allen diesen Büchern ist auffällig, dass sie sich auf Siddhārthas frühe Jahre und den Anfang seiner Lehrtätigkeit als *Buddha* beschränken. Einige wenige Legenden aus späteren Lebensabschnitten des Meisters sind jedoch in Kommentarwerken enthalten.

Das *Mahāvastu*, »(das Buch) der großen Begebenheit«, ist ein Werk des Hīnayāna-Buddhismus im so genannten gemischten Sanskrit und wurde zwischen dem 2. Jh. vor und dem 3. Jh. nach Chr. von frommen Mönchen zusammengetragen. Der Buddha erscheint darin als über die Welt erhabenes (lokottara) Wesen, das aus seiner überirdischen Position ein Erdenleben in die Welt projiziert, um Götter und Menschen zu belehren und zu erbauen. Die Handlung des Mahāvastu ist durchsetzt mit so vielen Vorgeburtsgeschichten (jātaka), Wundertaten (avadāna) und Lobpreisungen (stotra), dass der Fluss der Erzählung stark gestört ist. Das Buch endet mit einem Abschnitt über die Gründung des Mönchsordens (die schon im Mahāvagga des Vinayapiṭaka beschrieben ist).

Der *Lalitavistara* – als hīnayānisches Werk verfasst und später im Sinne des Mahāyāna-Buddhismus überarbeitet – lag fertig vor im 3./4. Jh. und verrät seine doketische Buddhaauffassung bereits im Titel: »Die ausführliche (Darlegung) des Spiels«, d. h. des Spiels des überweltlichen Buddha, der sein Erdenleben nur vorspiegelt. Gautama, zum überirdischen Heros erhoben, entsendet aus seinem Haupt einen gleißenden Lichtstrahl, der die um ihn versammelten reinen Wesen aus ihrer Meditation weckt und ihnen die vergangenen Buddhas vor Augen ruft. Darauf bitten einige Göttersöhne ihn, das Lalitavistarasūtra darzulegen, das seine Laufbahn und Buddhawerdung schildert. Gautama entspricht der Bitte: Der legendenreiche Bericht seines irdischen Lebenslaufs, beginnend mit seinem Herabstieg aus dem Tuṣita-Himmel und endend mit der ersten Lehrverkündigung vor den einstigen Mitasketen in Sārnāth bei Benares, bildet den Inhalt des Buches. Gautama erzählt die Ereignisse nicht in Ich-Form, sondern in der Dritten Person, denn da er wesenhaft über die Natur erhaben ist, durchlebte er seine Weltlaufbahn nicht leiblich, sondern spielte sie der Welt vor. – Der Lalitavistara, klar gegliedert und überschaubarer als das Mahāvastu, war für die Bildhauer Altindiens die wichtigste Motivquelle.

Die *Nidānakathā*, »Die Erzählung vom Ursprung«, ist ein nichtkanonischer Pālitext des 5. Jh. n. Chr., der dem Buch der Jātakas, der »Vorgeburtsgeschichten«, vorangestellt worden ist. Das Buch schildert (parallel zur

Buddhagenealogie Buddhavaṃsa), wie zu Zeiten des Vorzeitbuddha Dīpaṅkara der Asket Sumedha sich entschloss, ein Buddha zu werden; wie er dann, zum Bodhisattva gereift, vom Tuṣita-Himmel auf die Erde herabsteigt, als Siddhārtha Gautama geboren wird und die Buddhaschaft erlangt. Das Buch schließt mit einem Legendenbericht über die Zeit von Gautamas Erleuchtung bis zur Schenkung des Jetavana-Hains in Śrāvastī durch den reichen Kaufmann Anāthapiṇḍada.

Zu einer anderen Kategorie als die genannten Werke, nämlich zur altindischen Kunstdichtung (kāvya) in anspruchsvollem Sanskrit, gehört das *Buddhacarita*, »der Lebenslauf des Buddha«, verfasst von dem Brahmanen, Buddhamönch und Hofdichter Aśvaghoṣa (1./2. Jh. n. Chr.). Als sprachlich artifizielles Werk war das Buddhacarita nur Gebildeten verständlich und dürfte der bildenden Kunst wohl nur selten als Quelle für Motive gedient haben.

Es wäre irrig anzunehmen, die Bildhauer Altindiens hätten, bevor sie sich an die Arbeit machten, die erwähnten Bücher gelesen; nur wenige von ihnen dürften des Lesens kundig gewesen sein. Vielmehr muss man vermuten, dass die Auftraggeber von Bildwerken dem Kunsthandwerker die thematisch gewünschten Episoden aus den genannten Büchern vortragen ließen. Kunst war im alten Indien Kunst auf Bestellung, und der Auftraggeber bestimmte Sujet und Ausführung.

Der Buddha in der indischen Kunst

Die präikonische Periode

Der Maurya-Kaiser Aśoka (Reg. 272-232 v. Chr.) war nach der Niederwerfung der Kaliṅgas im Osten Indiens über das von ihm verursachte Leid derart entsetzt, dass er zur Lehre des Buddha übertrat und beschloss, ein Friedensherrscher zu werden. Er entsandte buddhistische Missionare in alle Indien umgebenden Länder und erließ, eingemeißelt in Steinsäulen und Felsen, Edikte, mit denen er die Bevölkerung zur Einhaltung der buddhistischen Ethik aufforderte. Damit jeder Teil seines Reiches von den Reliquien des Buddha einen Anteil erhalte, ließ er die Stūpas mit Buddhareliquien öffnen und die ihnen entnommene Asche auf viele Orte verteilen. Überall in Aśokas Reich entstanden »Stūpas des gerechten Herrschers« (dharmarājikastūpa).

Einer dieser Stūpas wurde zum Startpunkt der buddhistischen Bildkunst, der Stūpa 1 von Sāñcī (65 km nordöstlich von Bhopāl). Im Laufe von zwei Jahrhunderten wurde der aus Ziegeln gebaute Ur-Stūpa durch eine Ummantelung mit behauenem Naturstein aufs Doppelte vergrößert, mit einem Steinkasten (harmikā) und einem dreifachen Hoheitsschirm (chattra) auf der Spitze sowie zwei auf verschiedener Höhe um die Kuppel (aṇḍa) herumlaufenden Um-

Schema des Stūpa 1 von Sāñcī. Die verwinkelten Eingänge zwingen den Besucher, den Tumulus im ehrfürchtigen Rechtskreis zu umschreiten. Die Treppe rechts am Stūpa ist die Abstiegstreppe vom oberen Umwandlungsweg; die Aufstiegstreppe ist auf der Zeichnung durch den Stūpa verdeckt.

Die Symbole der vier Lebensstationen des Buddha: Geburt, Erleuchtung, Ingangsetzen des Dharmarades und Tod.

wandelungswegen (pradakṣiṇāpatha) versehen und als Sakralbereich durch einen Steinzaun (vedikā) nach außen abgegrenzt. Im 1. Jh. v. Chr. entstanden als Letztes die dem Zaun vorgebauten, mit Reliefs geschmückten Steintore (torāṇa). Zäune und Tore ahmen in Stein die Bauweise aus Holz nach. In ähnlicher Anlage, wenn auch nicht ganz so hoch und komplett, entstanden weitere Stūpas in Sāñcī und, kaum jünger, der Ziegel-Stūpa von Bhārhut (bei Satna, 175 km südwestlich von Allahābād). Die Torreliefs der Stūpas 1 und 3 von Sāñcī (am Ort erhalten) und die Medaillons der Steinbalustrade von Bhārhut (heute im *Indian Museum* in Kalkutta) sind die Hauptwerke der frühen Bildkunst Indiens. Es gibt keine Facette altindischen Lebens und kaum ein Ereignis im Leben des Buddha, die in der Reliefkunst von Sāñcī und Bhārhut nicht Darstellung gefunden hätten.

Aber: Der Buddha *als Person* kommt in dieser Kunst nicht vor. Seine Geburt wird durch das Gefäß der Fülle (pūrṇapātra), seine Erleuchtung durch den Thron unter dem Bodhibaum, die erste Lehrverkündigung durch das Rad der Lehre (dharmacakra) und sein Parinirvāṇa durch einen Stūpa symbolisiert. Bei anderen Ereignissen ist seine Gegenwart durch seinen Fußabdruck, eine feurige Säule oder das Triratna-Zeichen angedeutet, das die »Drei Juwelen« *Buddha/Dharma/Saṅgha* versinnbildlicht. Man nennt diese frühe Kunstepoche die prä-ikonische oder an-ikonische, wobei anzumerken ist, dass allein die Person des Buddha von der Abbildung ausgespart ist, ansonsten ist die präikonische Kunst sehr gestaltenreich.

Lag es an mangelnder Kunstfertigkeit der altindischen Bildhauer, dass sie die personale Darstellung des Meisters vermieden? – Durchaus nicht. Alle Personen und Gegenstände auf den Reliefs von Sāñcī und Bhārhut wurden so naturgetreu abgebildet, dass man daraus eine Bestandsaufnahme der materiellen Kultur Altindiens zusammenstellen konnte.[4] Nicht handwerklichem Unvermögen der Steinmetze, sondern religiöser Scheu ist es zuzuschreiben, dass sie den Buddha als Bildmotiv aussparten.

Ein äußerer Grund dafür war, dass die Bildlosigkeit indischem Brauch entsprach, denn auch die Anhänger des Brahmanismus vermieden, die vedischen Götter darzustellen. Daneben gab es innerbuddhistische Gründe. Der Buddha hatte sich Huldigungen stets verbeten. Den sterbenskranken Mönch Valkalin, der sich vor seinem Tode wünschte, den Buddha einmal in Person zu sehen, besuchte er am Krankenlager und erklärte ihm: »Was soll dir der Anblick dieses fauligen Körpers? Wer, Valkalin, die Lehre sieht, der sieht mich; wer mich sieht, der sieht die Lehre.« (S 22,87,13) Er verwahrte sich gegen gefühlsbetonte Verehrung und duldete nur den natürlichen Respekt, der jedem Lehrer zusteht. Es lag ihm fern, sich idolisieren zu lassen.

Die Nichtdarstellung des Buddha in der Kunst war des Weiteren geboten, weil ein zum Nirvāṇa Gelangter nach Ablegung des Körpers nicht mehr beschrieben werden kann: Weder existiert der Erlöste jenseits des Todes, noch existiert er nicht (S 16,12). Der verloschene Buddha wäre im Glauben vieler wieder in die leidhafte physische Welt herabgezogen worden, hätten die Bildhauer versucht, ihn den Frommen als Person vor Augen zu stellen.

Fast drei Jahrhunderte verzichteten die Künstler Indiens auf die Abbildung des Buddha. Mit der Entstehung des Mahāyāna-Buddhismus um die Zeitwende jedoch wandelte sich die Auffassung : der Meister wurde zum beliebtesten Motiv der buddhistischen Kunst. Die Konservativen allerdings hielten an der Anikonität des Buddha noch länger fest, was dazu führte, dass sein Bild auch an manchen der Stūpas noch fehlt, die erst in der ikonischen Kunstperiode entstanden sind.

Das Buddhabildnis entsteht: die ikonische Kunstperiode

Wo zum ersten Mal der Buddha als Person in Stein gemeißelt wurde – ob im hellenisierten Gebiet von Gandhāra im heutigen Afghanistan/Pakistan oder auf indischem Boden in Mathurā (140 km südöstlich von Delhi) – ist lange Zeit ein Diskussionsthema der Asien-Archäologen gewesen. Die Frage hat heute ihre Brisanz verloren. Durchgesetzt hat sich die Erkenntnis, dass Buddhabildnisse an beiden Orten kurz nach der Zeitwende, also im 1. Jh. n. Chr., gleichzeitig und voneinander unabhängig auftauchen. Das gleichzeitige Auftreten ergab sich aus den Wünschen und Aufträgen der Laienbekenner, die unter dem Einfluss des damals aufgekommenen Buddhakultes ikonische Buddhabildnisse als Andachtsobjekte verlangten. Das Glaubensvertrauen (śraddhā) in den Buddha, das schon im frühen Buddhismus als Voraussetzung für das Annehmen der Lehre gegolten hatte, war nach dem Vorbild der hinduistischen Gottesliebe (bhakti) in eine Buddhabhakti, die liebende Verehrung des Buddha, gemündet.

Selbstverständlich bediente sich jedes Zentrum des Buddhismus zur Darstellung des großen Lehrers des lokalen Kunststils. Nordwestlich des indischen Subkontinents, speziell in Takṣaśilā (heute Taxila) und Puruṣapura

Zwischen den gräkobuddhistischen Gandhāra-Skulpturen, die aus einer alten Handwerkstradition hervorgingen, und den frühen Arbeiten der Werkschule von Mathurā bestand ursprünglich keine stilistische Verwandtschaft; neben der eleganten Gandhāra-Plastik (links) wirkt das frühe Buddhabild aus Mathurā (rechts) archaisch. Ein Jahrhundert nach der Begegnung mit der Kunst von Gandhāra schufen auch die Künstler von Mathurā Andachtsbilder von höchstem Rang. (Stücke aus dem *Indian National Museum* in New Delhi und dem *Government Museum* in Mathurā.)

(Peshāwar), war dies – infolge von Handelskontakten zum griechisch-römischen Mittelmeerkulturraum – der hellenistische Stil. Die aus Schiefer gemeißelten Buddhabilder der Gandhāra-Kunst entsprechen daher griechisch-römischen Mustern und zeigen welliges Haar, europide Gesichtszüge und Faltenwurf in der Art von Apolloskulpturen. Die Kunst von Gandhāra ist gräkobuddhistisch.

Mathurā am Yamunā-Fluss war gleichfalls ein buddhistischer Schwerpunkt, der durch Stūpa-Dekors einen eigenen sinnenfrohen Stil gebildet hatte. Das Material der Bildhauer von Mathurā war der dort gebrochene rote Sandstein mit hellen Einschlüssen. Als um die Zeitwende die Buddhisten um Mathurā für die neu aufgekommene Buddhabhakti Andachtsbilder des Buddha wünschten und Steinhauer mit der Herstellung beauftragten, begann man auch in Mathurā Buddhaskulpturen zu schlagen – in einem Stil, der Unabhängigkeit vom gräkobuddhistischen Stil von Gandhāra erkennen lässt. Indes währte die stilistische Eigenständigkeit nicht lange. Vom 1. Jh. n. Chr. an begannen die Kuṣāṇas, aus dem hellenisierten Gandhāra-Gebiet des heutigen Afghanistan/Pakistan kommend, Nordindien zu einen; sie richteten ein Reich auf, das sich nach Osten bis Vārāṇasī (Benares) erstreckte und u. a. Mathurā einschloss. Die Kuṣāṇa-Kaiser residierten in Kāpiśī (Begram in Afghanistan) und Puruṣapura (Peshāwar in Pakistan) und besaßen bei Mathurā einen Winterpalast. Der jahreszeitlich bedingte Ortswechsel der Kuṣāṇa-Herrscher und ihres Gefolges im 2./3. Jh. n. Chr. trug viel dazu bei, Gandhāra- und Mathurā-Stil zu mischen. Typologische Vorbildwirkung hatte zudem eine vom Kuṣāṇa-Kaiser Kaniṣka I (1./2. Jh. n. Chr.) geprägte Goldmünze, denn sie trägt auf der Frontseite das Bild des Kaisers, auf der Rückseite das des Buddha im Gandhāra-Stil mit der griechischen Beischrift BODDO. Neben dem Buddha ist das Signet des Kaisers zu sehen, der Vierzack.[5]

Perioden indisch-buddhistischer Kunst – nach Dynastien

323-185 v. Chr. Maurya-Kunst. Unter Kaiser Aśoka (Reg. 272-232), der in Pāṭaliputra (Patna) residiert, Beginn der Verwendung von Stein zum künstlerischen Gestalten: Monolithische Ediktsäulen mit kunstvollen Kapitellen, reliefierter Steinzaun um den Bodhibaum von Bodhgayā.

185-72 v. Chr. Śuṅga-Kunst in Zentralindien, reliefreiche Steinzäune um die Stūpas von Sāñcī und Bhārhut.

200 v. Chr. – 220 n. Chr. Śātavāhana-Dynastie im Dekkhan. In nachchristlicher Zeit Stūpas und Tempel von Amarāvatī und Nāgārjunakoṇḍa.

– – – Zeitwende

78-220 n. Chr. Hellenistisch inspirierte Kuṣāṇa-Kunst. Die Kuṣāṇas waren ein im Gandhāra-Gebiet (im heutigen Afghanistan/Pakistan) angesiedelter Volksstamm, der unter Kaiser Kaniṣka I (1./2. Jh.) in Indien einfiel und ein ausgedehntes nordindisches Reich errichtete. Höhepunkt der gräkobuddhistischen Gandhāra-Kunst im 2. Jh.

2.-3. Jh. Unter der Kuṣāṇa-Herrschaft Vermischung der Kunst von Mathurā mit der gräkobuddhistischen Kunst von Gandhāra.

320-550 Gupta-Zeit, bedeutende Bildhauerschulen in Mathurā, Sārnāth und Bodhgayā. Periode des »goldenen Zeitalters« und der indischen Klassik.

555-755 Cālukya-Dynastie im Dekkhan.

7./8. Jh. Nach-Gupta-Zeit: Höhlentempel von Ajaṇṭā und Eḷūrā.

765-1175 Pāla-Kunst in Nordost-Indien (Bengalen). Buddhastelen aus schwarzem Basalt, Nālandā-Universität.
11.-13. Jh. Das indische Mittelalter.
13. Jh. Ende des Buddhismus in Indien.

Die Elemente der Buddhaskulptur

Die steinernen Reliefs an Stūpas und Umzäunungen zeigen den Buddha in vielen Haltungen und Situationen, dagegen beschränken sich die vollrunden Skulpturen und Bronzen auf relativ wenige Formen und Gebärden. Die Länder im Kulturumkreis Indiens, die die Lehre des Buddha übernahmen und das Buddhamotiv in ihre eigene Kunst übertrugen, haben den Gestenkanon nur wenig weiterentwickelt. Stilistisch freilich gingen sie eigene Wege.

Die Elemente der Buddhaskulptur sind

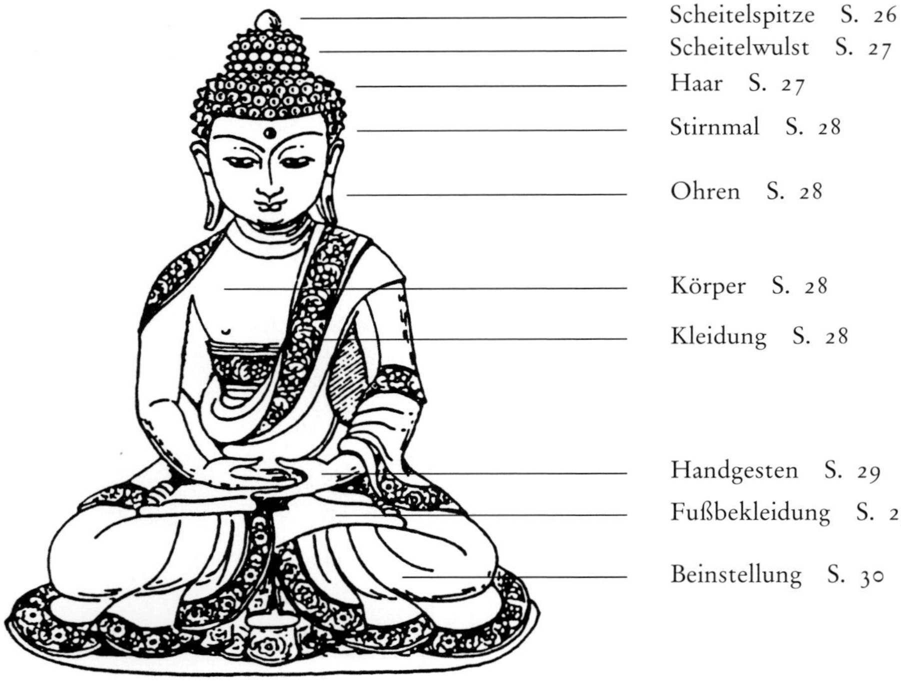

– *Die Scheitelspitze*

Die Spitze, die den Schädelwulst des Buddha krönt, ist relativ jungen Datums. In der Gandhāra- und der Mathurā-Kunst kommt sie noch nicht vor, in der jüngeren indischen Kunst allenfalls als kleiner Knauf. Als zwiebelförmiger Knauf ist sie in Tibet und Burma (Myanmar) häufig.

Markante Ausgestaltung erfuhr die Ketumālā, das »Strahlenbündel«, in Ceylon (Śrī Laṅkā) und Südostasien. In Ceylon hat sie die Form einer Lyra, in Thailand die Gestalt einer hochzüngelnden Flamme, in Laos ist sie gewöhnlich eine flammenartige oder glatte lange Spitze. Der Scheitelschmuck einer Buddhabronze liefert zumeist den ersten Hinweis auf die regionale Herkunft des Stückes.

– Der Scheitelwulst

Seit Beginn der personalen Darstellung des Buddha ist der Scheitelwulst (uṣṇīṣa) das Kennzeichen eines Erleuchteten. Nur einen *Buddha* und ein Wesen von buddhagleicher Erkenntnis (wie im Mahāyāna-Buddhismus den Mönchsphilosophen Nāgārjuna) darf der Künstler mit Schädelerhebung darstellen, niemanden sonst.

Ursprünglich war der Scheitelwulst ein Haarknoten. Er erscheint in der Gandhāra-Kunst als mit einer Schnur hochgebundener Scheitel-Chignon, in der frühen Kunst von Mathurā als grob gewickelter Schopf in Form eines Schneckengehäuses (kaparda). Die Uminterpretation des Haarknotens in einen Schädelwulst erfolgte etwa zweihundert Jahre nach der Entstehung des personalen Buddhabildes.

– Haar

Den Mönchen Altindiens war das Scheren des Haupthaars vorgeschrieben; auch der Buddha trug den Kopf geschoren. Es war ein Zugeständnis an die Kunst, dass der Meister dennoch mit Haar dargestellt wird.

In der Kunst von Gandhāra ist das Haar des Buddha wellig und lang, die Mathurā-Steinmetze hingegen stellen es – für Inder untypisch – in kurzen Löckchen dar, die zumeist rechtsgedreht sind. Locken dieser Art werden gefordert in einer Liste von 32 Schönheitskennzeichen, die nach der Tradition einen »großen Menschen« (mahāpuruṣa) auszeichnen (D 30,1,2).

– *Stirnmal*

Dieselbe Liste erklärt das Stirnmal (ūrṇā) des Buddha als Wirbel weicher weißer Haare (D 30,1,2). Die Kunst gibt es wieder als warzenähnlichen runden erhabenen Punkt. In keinem Falle ist das Stirnmal bei einem Buddha ein drittes Auge oder Weisheitsauge, wie manchmal behauptet wird. Das Stirnmal kann deshalb fehlen, ohne dass der Darstellung etwas verloren ginge.

– *Ohren*

Als Siddhārtha, der spätere Buddha, geboren wurde, war sein Vater Gouverneur (rāja) einer halbsouveränen Republik, die dem nordindischen Königreich Kośala (Hauptstadt Śrāvastī) unterstand. Die Familie war hoch gestellt und vermögend. Die langgezogenen Ohren der Buddhaskulpturen erinnern an die Zeit, als Siddhārtha noch als verwöhnter Jüngling im Elternhaus lebte und schweren Ohrschmuck trug. Als er Haus und Familie verließ, um ein bettelnder Wandermönch (śramaṇa) zu werden, legte er den Schmuck ab. Die Ohrläppchen blieben aber gedehnt. Sie deuten den Verzicht an, den Siddhārtha auf sich nahm, um die Erlösung zu suchen.

– *Körper*

Auf der Suche nach Erleuchtung hatte Siddhārtha auch Askese getrieben und gehungert, dass seine »Rippen sichtbar waren wie die Dachsparren eines verfallenen Hauses« (M 36,28). Später hatte er die Schmerzaskese als nutzlos erkannt und war zu ausgeglichener Lebensweise zurückgekehrt. Genügsam ernährt, so dass sein Körper ihn nicht durch Mangelerscheinungen störte, hatte er die Buddhaschaft und Erlösung verwirklicht.

Die Kunst zeigt den Buddha deshalb wohlgenährt, aber nicht dick. Wenn er stehend abgebildet wird, ist oft das Einschneiden der Gürtelschnur zu erkennen; zuweilen überwölbt der Oberbauch leicht den Gürtel. Es ist dies das einzige Element einer individualisierenden Darstellung. Ansonsten strebt die buddhistische Kunst keine anatomische Genauigkeit an und bildet den Buddha weniger als Individuum denn als einen Typus ab.

Der Pālikanon bezeichnet den Buddha mehrfach als gold- oder lotosfarben, was in Indien seit je als Herkunft aus einer gehobenen sozialen Schicht interpretiert wird.

– *Kleidung*

Die Robe (cīvara) des Theravāda-Mönchs besteht aus drei orange- oder ockerfarbenen Tüchern, die aus rechteckigen Lappen zusammengenäht sind, um dem Stoff den Handelswert zu nehmen. Die sich rechtwinklig treffenden Nähte werden manchmal in der Kunst durch Linien angedeutet.

Das Untergewand (antaravāsa) wird um die Hüften geschlungen, vorne gefältelt und in der Taille mit einem Gürtelband befestigt. Der oberhalb des

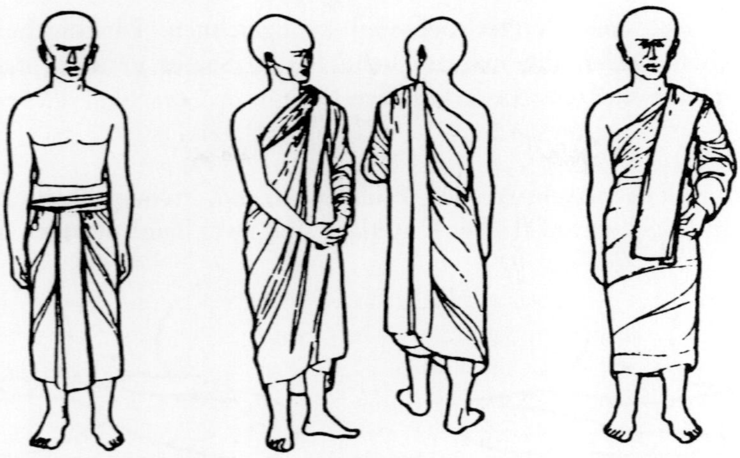

Untergewand (Hüfttuch) — Obergewand (Schultertoga) — Mantelrobe (eingefaltet)

Gürtels hochstehende Stoffrand wird nach unten umgeschlagen. Darüber trägt der Bhikṣu das Obergewand (uttarāsaṅga), das zuerst mit beiden Händen hinter dem Rücken gespannt, dann unter dem rechten Arm zur Brust geführt und von vorn über die linke Schulter nach hinten geworfen wird. Der mit der linken Hand gehaltene Teil der Robe wird fest um den linken Arm gewickelt. Die rechte Schulter und der rechte Arm des Mönchs bleiben unbedeckt, jedoch kann der über die linke Schulter nach hinten herabhängende Teil der Robe benutzt werden, um auch die rechte Schulter zu schützen.

Das dritte Gewand des süd- und südostasiatischen Mönchs ist die Mantelrobe (saṅghāṭī), die bei Nichtgebrauch zu einem breiten Band zusammengefaltet wird und über der linken Schulter hängt. Bei formellen Anlässen hüllt sie den Mönch voll ein, so auch beim Almosengang am Morgen, denn wie der Mönch seine eigenen Sinne zügelt, so soll er durch seine männliche Erscheinung auch die Frauen und Mädchen, die ihn mit der Almosenspende versorgen, nicht zu sinnlichen Gedanken verleiten.

– Handgesten

Die Handgesten (mudrā) der Buddhaskulpturen beziehen sich auf bestimmte historische oder legendäre Ereignisse im Leben des Buddha und rufen dem Bekenner das jeweilige Ereignis in Erinnerung. Sie werden im Folgenden jeweils mit den abgebildeten Kunstwerken erläutert.

– Fußbekleidung

Alle Darstellungen des Buddha zeigen ihn barfuß – oft mit dem Symbol des Rades auf den Fußsohlen. Auch dies ist eines der 32 Schönheitsmerkmale, die (nach D 30,1,2) einen Vollerleuchteten kennzeichnen. Barfußgehen war im buddhistischen Orden die ursprüngliche Regel. Später erlaubte der Buddha seinen Mönchen einfache Ledersandalen.

– *Beinstellung*

Die Kunst Asiens präsentiert den Buddha sitzend, stehend, schreitend oder liegend. Für das Sitzen auf flacher Unterlage sind zwei Beinhaltungen möglich.

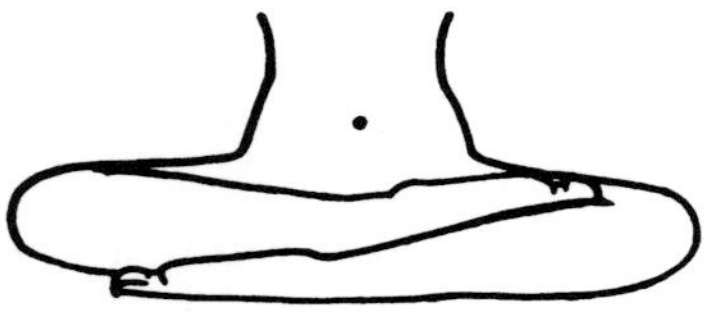

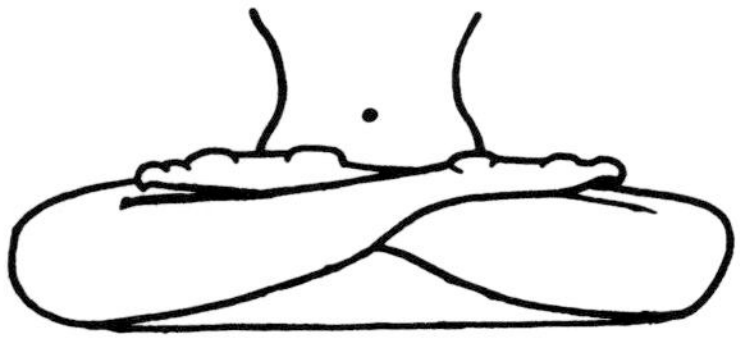

Beim Sitzen mit den Beinen »um den Schoß herum« (paryaṅka) sind die Unterschenkel an den Körper gezogen und liegen, der rechte Unterschenkel obenauf, gegenläufig übereinander. Beim Lotossitz (padmāsana) oder Donnerkeilsitz (vajrāsana) sind die Unterschenkel verschränkt und beide Fußsohlen nach oben gerichtet; der rechte Unterschenkel liegt vorn, beide Knie berühren den Boden.

Der Thron des sitzenden Buddha ist oft als aufgeblühter Lotos stilisiert. Der Lotos symbolisiert Reinheit, denn er wächst auch aus schmutzigem Wasser makellos hervor.

I.
Die Ikonographie des Buddha Gautama

1. Der Traum der Königin Māyā vom weißen Elefanten

Die Erzählung von der Herabkunft des Bodhisattva, des »zur Erleuchtung bestimmten Wesens«, aus dem Tuṣita-Himmel und von seiner Geburt in der Welt ist bereits in dem ansonsten legendenarmen Pālikanon (M 123) zu finden, wo sie dem Bhikṣu Ānanda in den Mund gelegt ist. Breiter ausgeführt wird sie im Mahāvastu (Ed. I p. 99 u. 149 f. u. Ed. II p. 3 ff.), im Lalitavistara (6 f.), in der Nidānakathā (2) und im Buddhacarita des Aśvaghoṣa (1).

Die Pālibücher sprechen von der adligen Herkunft des Siddhārtha Gautama, des späteren Buddha, ohne Übertreibung; die Legendentexte indes stilisieren die Gautama-Familie hoch und bezeichnen den Rāja Śuddhodana, Siddhārthas Vater, stets als König, Siddhārthas Mutter als Königin und Siddhārtha selbst als Prinzen. Entsprechend finden alle häuslichen Ereignisse im Palast statt.

Als Folge seines in vielen Existenzformen angesammelten karmischen Verdienstes hatte der Bodhisattva sein vorletztes Dasein im Tuṣita-Himmel zugebracht. Als er sah, dass die Zeit gekommen war, um in der Menschenwelt zu erscheinen (und dort die Buddhaschaft und Erlösung zu verwirklichen), stieg er vom Tuṣita-Himmel herab und ging in Gestalt eines kleinen weißen Elefanten in den Schoß seiner schlafenden zukünftigen Mutter ein: Im Traum nahm Königin Māyā wahr, wie der kleine Elefant von rechts in sie eindrang. Am nächsten Morgen berichteten die Götter dem König Śuddhodana das frohe Ereignis, das ihm von Königin Māyā bestätigt wurde (Lv 6).

Ein Schieferrelief des 3. Jh. n. Chr. aus Gandhāra (1), heute im *Museum für Indische Kunst* in Berlin, zeigt Königin Māyā tief schlafend auf ihrem Lager, umgeben von einer Wächterin und einer Dienerin, während der elefantengestaltige Embryo durch ihre rechte Hüfte in ihren Körper eingeht. Der kleine Elefant ist auf einem Nimbus dargestellt, der den Vollmond andeutet, denn die Empfängnis ereignete sich (nach Lv 6) in einer Vollmondnacht.

(1)

2. Siddhārtha wird geboren

Siddhārtha, der Prinz, kam nicht im Hause seiner Eltern in Kapilavastu zur Welt. Königin Māyā war mit gebührendem Gefolge aus dem Hause ihres Gatten Śuddhodana Gautama aufgebrochen, um ihr Kind in ihrem Elternhaus in Devadaha mit dem Beistand ihrer Mutter zu entbinden. Auf halbem Wege zwischen Kapilavastu und Devadaha bei dem Dorf Lumbinī wurde sie jedoch von den Wehen überrascht und gebar ihr Kind stehend im Schatten eines Baumes.[6] Zehn Monate waren seit der Herabkunft des Embryo in ihren Leib vergangen. Vier junge Götter nahmen das Neugeborene entgegen und stellten es auf die Erde (M 123,14-17 u. 20). Der Lalitavistara (7), der das Geschehen breit ausschmückt, spricht von dem Zufallsort Lumbinī als einem prächtigen Lustgarten und lässt die Geburt unter dem Baum aus Māyās rechter Hüfte oder Taille stattfinden.

Ein Relief aus Schiefer aus dem 2./3. Jh., ② gefunden im Kloster Loriyān Tangaī (Pakistan) und heute im *Indian Museum* in Kalkutta, zeigt Māyā, die sich gleich einer Baumnymphe (śālabhañjikā) an einem Ast festhält, während das Kind aus ihrer rechten Hüfte austritt. Der Gott Śakra (Indra), ehrfürchtig geduckt, nimmt es auf einem reinen Tuch entgegen und stellt es alsbald auf die Erde. Das Kind wird als voll entwickelter kleiner Mensch abgebildet – mit den vom Schmuck langgezogenen Ohrläppchen und dem Scheitelwulst (uṣṇīṣa), der eigentlich nur einem vollendeten Buddha zusteht. Damit soll angedeutet werden, dass das Neugeborene ein Bodhisattva, ein »zur Erleuchtung bestimmtes Wesen« ist. Der Bodhisattva und die beiden Götter sind durch Nimbusse als höhere Wesen gekennzeichnet.

②

3. Siddhārtha macht sieben Schritte

Als Siddhārtha mit den Füßen die Erde berührte, erspross unter seinen Fußsohlen ein großer Lotos. Am Himmel erschienen die Nāga-Könige Nanda und Upananda und gossen über dem Neugeborenen kühles und warmes Wasser aus, um ihn zu baden. Sodann besprenkelten die Götter Śakra (Indra) und Brahma den Bodhisattva mit Duftwässern und Blütenessenzen. Mit dem Blick eines Löwen inspizierte der Bodhisattva die zehn Richtungen[7] und machte dann je sieben Schritte nach Osten, Süden, Westen und Norden. Nirgendwo sah er ein Wesen so nahe der Buddhaschaft und Erlösung wie er selbst (Lv 7).

Die beschriebene Szene ist dargestellt auf einer nepālischen Stele des 10. oder 11. Jh. n. Chr. (3) Vor einer Wand von Regenwolken schweben die beiden Nāgakönige und übergießen aus kugelförmigen Vasen den Bodhisattva mit Wasser, das in Gestalt von Blüten auf ihn herabrieselt. Der zukünftige Buddha, von einer Mandorla umgeben, steht aufgerichtet und schickt sich soeben zu den Schritten in die Haupthimmelsrichtungen an. (*National Museum Art Gallery*, Kāṭhmaṇḍu)

Ein wichtiges, aber trauriges Ereignis im Leben des kleinen Siddhārtha hat in der Kunst Asiens keine Darstellung gefunden: Königin Māyās Tod. Nach der heiklen Entbindung unter einem Baum bei Lumbinī wurde sie sehr krank. Von ihren Begleitern nach Kapilavastu zurückgebracht, starb sie dort eine Woche nachdem sie Siddhārtha das Leben geschenkt hatte. Sie wurde im Himmel wiedergeboren – nach dem Majjhimanikāya (123,13) im Tuṣita-Himmel, nach dem Lalitavistara (7) im Himmel der Dreiunddreißig (Götter).

Die Pflege des kleinen Siddhārtha übernahm die Schwester der Verstorbenen, Mahāprajāpatī, die ebenfalls mit dem Rāja Śuddhodana verheiratet war und bald nach Siddhārthas Geburt einen eigenen Sohn, den Nanda, zur Welt brachte.

(3)

4. Siddhārtha, Prinz und Bodhisattva

Siddhārtha als Prinz und Bodhisattva im Palast seines Vaters, des Rāja Śuddhodana Gautama, war in der gräkobuddhistischen Kunst ein beliebtes Thema. Die Skulpturen stellen Siddhārtha in verschiedenen Altersstufen dar.

Als Jüngling unter 20 Jahren erscheint Siddhārtha auf einer Gandhāra-Skulptur des 2. Jh. n. Chr. ④ (in einer Londoner Privatsammlung). Sein langes Haar ist zum Chignon aufgebunden, fällt ihm aber noch auf die Schultern; schwerer Schmuck ziert die halbfreie Brust und die Oberarme. Der Bodhisattva wirkt jugendlich und selbstbewusst, aber nicht herrisch. Man glaubt ihm, dass Gedanken über das Leid allen Daseins ihm nicht fremd sind.

④

Mehr als stolzer Prinz denn als nachdenklicher Bodhisattva, zudem fünf bis acht Jahre älter, ist Siddhārtha dargestellt auf einer Gandhāra-Skulptur des 2.-4. Jh. n. Chr. ⑤ im *Central Museum* in Lahore. Sein Gesichtsausdruck ist selbstbewusst, er trägt einen Oberlippenbart, das Haar ist modisch arrangiert und mit Bändern durchflochten, die Brust ist frei und verrät volle Manneskraft. Der Prinz trägt schweres Geschmeide: einen anliegenden breiten Halsschmuck, darüber eine längere Halskette mit Brustornament, ferner zwei von der linken Schulter herabhängende Schnüre, von denen eine zwei Amuletthülsen hält, zudem Oberarmspangen und Armreife. Gekleidet ist er in ein Hüfttuch aus schwerem Stoff und eine Manteltoga, die, zurzeit nicht benötigt, über die linke Schulter geworfen und unter dem linken Arm verschlungen ist. Ein schmaler leichter Schal hängt von der linken Schulter zum rechten Unterarm – vielleicht ein Rangabzeichen, das noble Personen hervorhebt, vielleicht nur ein Schweißtuch. An den Füßen trägt der Prinz-Bodhisattva Ledersandalen, deren Riemchen zwischen dem großen und dem zweiten Zeh durchlaufen und sich auf dem Rist mit schweren Knöchelriemen treffen. Die Funktion der Quaste (?) zur Linken des Bodhisattva ist ungeklärt.

Der pädagogische Sinn solch prunkvoller Darstellungen ist leicht zu erraten: Sie sollen vor Augen führen, dass Siddhārtha Gautama die Wahl hatte zwischen einem glanzvollen Leben als Nachfolger seines Vaters im Range eines Königs und, andererseits, dem heimatlosen Dasein als wandernder Bettelmönch. Je größer die Pracht, in der man den Prinzen Gautama abbildet, umso größer erscheint sein späterer Verzicht.

⑤

Überraschenderweise tragen nahezu alle Abbildungen des Bodhisattva in Büchern die Erläuterung »Bildnis eines Bodhisattva«. Um es klarzustellen: Nicht *ein*, sondern *der* Bodhisattva ist dargestellt, nämlich der Bodhisattva Siddhārtha Gautama, der später zum Buddha unseres Zeitalters wurde.

Siddhārtha blieb nicht unvermählt. Als er sechzehn war, wurde er mit einer gleichaltrigen Kusine verheiratet, der Tochter eines Onkels mütterlicherseits. Als das Ehepaar neunundzwanzig war, wurde ihnen der Sohn Rāhula geboren. Nach ihm wird Siddhārthas Gattin zumeist Rāhulamātā, »Mutter des Rāhula« genannt. (Lv 12; Nk 2; Bc 2,26 u. 46)

5. Siddhārtha zieht in die Hauslosigkeit

Die Einsicht, dass das Leben nur gelegentlich erfreulich ist und hinter allem Glück Vergänglichkeit und Leid lauern, kam Siddhārtha schon in jugendlichem Alter. In einem der autobiographischen Abschnitte des Pālikanons berichtet er:

> Verzärtelt, höchst verzärtelt, äußerst verzärtelt lebte ich, ihr Mönche, (im Hause meines Vaters). ... In solchem Wohlleben kam mir der Gedanke: 'Wahrlich, der naive Weltling, selber dem Altern, der Krankheit, dem Tod unterworfen, ist angeekelt, wenn er einen Alten, einen Kranken, einen Toten sieht. Doch auch ich bin ja dem Altern, der Krankheit, dem Tod unterworfen, kann ihnen nicht entgehen.' Indem ich, ihr Mönche, so dachte, schwand mir der Jugendstolz, schwand mir der Gesundheitsstolz, schwand mir der Lebensstolz. (A 3,39 a, gerafft)

Einige Zeit später keimte in Siddhārtha der Wunsch auf, Haus und Familie in Kapilavastu zu verlassen, um ein heimatloser Bettelmönch (śramaṇa) zu werden. Neunundzwanzig Jahre war er alt, als er den Wunsch verwirklichte.

> Als ich noch ein Bodhisattva war, kam mir der Gedanke: 'Eng ist das Leben in der Häuslichkeit, dieser Stätte der Unreinheit, (wie) der freie Himmelsraum ist ein Leben als Śramaṇa. ... Wie, wenn ich mir nun Haar und Bart scheren, die gelben Gewänder (eines Bettelmönchs) anlegen und aus dem häuslichen Leben in die Hauslosigkeit ziehen würde?'
> Und ich, der ich jung war, (fast noch) ein Knabe mit schwarzem Haar, der ich in glücklicher Jugend lebte, im ersten Mannesalter, schor mir, obwohl Vater und (Pflege-)Mutter damit nicht einverstanden waren sondern Tränen im Gesicht hatten und weinten, Haar und Bart, legte die gelben Gewänder an und zog aus dem Hause in die Hauslosigkeit hinaus. (M 36,12-14 = M 26,13-14; Schlussteil = Mvu Ed. II p. 117)

Vater Śuddhodana und Pflegemutter Mahāprajāpatī weinten, wie es heißt, als Siddhārtha, bereits kahl geschoren und in der Kutte eines Wandermendikanten, das Haus verließ. Er schlich also nicht davon, als die Eltern schliefen, nicht in der Nacht und nicht zu Pferd, wie die Legendenschöpfer behaupten.

Die Legende stattet den Bericht vom Hinauszug des Bodhisattva mit Einzelheiten aus. Vier Ausfahrten in die herrlichen Parks von Kapilavastu, bei denen der Prinz Siddhārtha einem Greis, einem Kranken, einem Toten und einem Bettelmönch begegnete, hätten in ihm den Entschluss zum Weltverzicht reifen lassen,[8] so die Legende (Lv 14; Nk 2; Bc 5). Als dann sein Sohn Rāhula geboren war, setzte er die Weltabkehr in die Tat um. Er verständigte seinen Vater Śuddhodana von seinem Vorhaben, aber der Rāja verweigerte seine Zustimmung. Im ganzen Palast und rundherum wurden Wachposten aufgestellt, die Siddhārthas Weltflucht verhindern sollten. Trotzdem gelang dem Prinzen die Flucht: mit der Hilfe der Götter. Zur Stunde der Mitternacht erhob sich der

⑥

Bodhisattva von seinem Lager, rief seinen treuen Diener Candaka und befahl ihm, den Schimmel Kaṇṭhaka zu satteln und vorzuführen. Der Bodhisattva stieg auf, und begleitet von Candaka ritt er aus der Stadt Kapilavastu hinaus (Mvu Ed. I p.156 f.; Lv 15; Nk 2; Bc 5).

Ein hervorragend erhaltenes Gandhāra-Relief ⑥, gefunden im Kloster Loriyān Tangaī (am Shakhot-Pass zwischen Gandhāra und Swat, Pakistan) und heute bewahrt im *Indian Museum* in Kalkutta, macht deutlich, wie Siddhārthas Auszug aus dem Palast sich vollzog. Ein Göttersohn (devaputra) hatte dem Prinzen versprochen, zur Zeit seiner Flucht die Menschen von Kapilavastu in Schlaf zu versetzen; ein anderer Göttersohn hatte zugesagt, alle Geräusche unvernehmbar zu machen, damit nicht doch jemand geweckt würde und Alarm schlägt. Zwei Yakṣa-Kobolde halten ihre Hände unter die Hufe des Pferdes Kaṇṭhaka, um das Klappern der Hufe zu unterbinden. Der Bodhisattva, noch in voller Haarpracht, in prinzlicher Kleidung und mit goldenem Halsschmuck, grüßt vom Pferderücken herab die Zurückbleibenden. Hinter dem Pferd geht Siddhārthas Diener Candaka, der den Hoheitsschirm über seinen Herrn hält. Oberhalb des Candaka erscheint der Donnerkeilhalter (Vajrapāṇi), eine Art Schutzgeist des nachmaligen Buddha, der ihn stets begleitet und als Attribut sein Blitzzepter in Form einer Mörserkeule vorweist.

Bei dem Mann vor dem Pferd handelt es sich um den Torwächter, der dem ausreitenden Bodhisattva im Auftrage der Götter das Osttor von Kapilavastu geöffnet hat; er hält den Torriegel in der linken Hand und macht mit der Rechten eine den Weg freigebende Geste. Neben ihm steht, gleich dem Bodhisattva durch einen Nimbus gekennzeichnet, ein Gott oder Göttersohn. Links oben auf dem Relief sind drei weitere Personen, zwei Männer und eine Frau, zu sehen, Freunde und Bewunderer des prinzlichen Bodhisattva, die ihm auf dem Wege zur Buddhaschaft und Erlösung Erfolg wünschen.

6. Der Bodhisattva schert sein Haupthaar

Kurz nach Mitternacht war der Prinz-Bodhisattva aus Kapilavastu aufgebrochen; gegen Morgen erreichten er und sein Gefolge die Stadt Anumaineya (nach Nk 2 den Fluss Anomā). Dort stieg er von seinem Pferd Kaṇṭhaka, entließ die Götter und anderen Himmelswesen, die ihn bisher begleitet hatten, legte seinen Schmuck ab und wies den Diener Candaka an, den Schmuck und das Pferd in den Palast nach Kapilavastu zurückzubringen. Dann nahm er ein Schwert und schor sich damit das Haupthaar ab. Ein Gott in Gestalt eines Jägers versorgte ihn mit den safranfarbenen Gewändern eines Wanderasketen. Aus dem Prinzen Siddhārtha Gautama war der Śramaṇa Gautama geworden (Lv 15).

Besonders die Kunst von Myanmar (Burma) hat die Szene oft dargestellt, so in einer Terrakottaskulptur des 11./12. Jh. am Ānanda-Tempel von Bāgan (Pagan). (7) Der Bodhisattva hat sich bereits seines Schmuckes entledigt, darunter der schweren Ohrgehänge, die seine Ohrläppchen langgezogen haben; soeben schneidet er seinen Haarknoten ab. Den Kopf geschoren zu haben ist allen Mönchen und Nonnen im buddhistischen Orden vorgeschrieben.

Mit Siddhārtha selbst macht die Kunst Asiens allerdings eine Ausnahme: Sie bildet ihn als Buddha stets mit welligem Haar oder mit Löckchen ab.

(7)

7. Schülerschaft und Askese

Allein gelassen und auf sich gestellt, wanderte der junge Śramaṇa Gautama nach Südosten, um sich als Schüler dem Lehrer Āṛāda Kālāma anzuschließen, der (laut Nk 2) bei der Magadha-Hauptstadt Rājagṛha, anderen Texten zufolge (Mvu Ed. II p. 118; Lv 16) in Vaiśālī wohnte und Yoga-Meditation unterrichtete. Unbefriedigt von diesen Lehren wandte sich Siddhārtha aber bald von Āṛāda ab und unterstellte sich bei Rājagṛha dem Lehrer Rudraka Rāmaputra (M 26,16), der (wie aus D 29,16 hervorgeht) die Philosophie der Upaniṣaden propagierte. Aber auch diese Lehren konnten den Bodhisattva nicht überzeugen. Er verließ Rudraka, zog sich auf der Landzunge zwischen zwei zusammenfließenden Flüssen in eine Einsiedelei bei dem Dörfchen Uruvilvā zurück und begann eine eiserne Askese. Fünf andere Śramaṇas schlossen sich ihm an in der Erwartung, dass Gautama als erster von ihnen eine Erkenntnis gewinnen und sie ihnen mitteilen werde (M 36,33; Lv 17).

Seitenlang ergehen sich die buddhistischen Texte in der Beschreibung der Selbstpeinigungen, die der Śramaṇa Gautama sich auferlegte (M 36,20-30; Mvu Ed. II p.124-130; Lv 17), und die gräkobuddhistische Kunst hat den ausgezehrten Asketen Gautama wiederholt dargestellt. Eine Skulptur aus dem 2./3. Jh. n. Chr. ⑧, gefunden in Sikri (Pakistan) und heute im *Central Museum* in Lahore, illustriert sehr genau die Worte, mit denen Siddhārtha später, nachdem er die Buddhaschaft verwirklicht hatte, jene Askesezeit beschrieb:

> Da ich nur ganz wenig zu mir nahm, verfiel mein Körper extremer Magerkeit. Gleich dürren, welken Rohrknüppeln wurden meine Gliedmaßen, gleich einem Büffelhuf wurde mein Gesäß und wie eine Kugelkette mein Rückgrat mit den herausstehenden und eingesunkenen Wirbeln. Wie an

⑧

einem verfallenen Haus die Dachsparren freiliegen und sichtbar sind, so lagen meine Rippen frei und sichtbar, und wie in einem tiefen Brunnen der Wasserspiegel tief unten schimmert, so schimmerten in meinen Augenhöhlen meine Augensterne tief unten. Einem Bitterkürbis gleich, der, wenn angeschnitten, in der Sonne schnell dorrt und schrumpelt, so war meine Kopfhaut verdorrt und verschrumpelt. ... (M 36,28 = M 12, 52 ≈ Lv 17)

(9)

Gautamas Entschlossenheit, die Erlösung durch Askese zu erzwingen, drückt sich auch aus in einem Kopffragment des 2./3. Jh. n. Chr. aus Gandhāra, (9) heute in der Obhut des *Bhārat Kalā Bhavan*, des Kunstmuseums der Hindu University in Benares.

8. Der Śramaṇa Gautama verwirft die Askese

Das hatte niemand erwartet: Der Śramaṇa Gautama brach seine Askese ab. Was war geschehen?

Er hatte eingesehen, dass auch die extremste Selbstquälerei nicht zum Ziel führt. Zudem hatte er sich daran erinnert, dass er als Jugendlicher einst unter einem Rosenapfelbaum am Feldrand gesessen hatte, während sein Vater Śuddhodana das Feld pflügte:[9] Unversehens war er dabei in einen Gemütszustand geraten, der weder Sinnesvergnügen noch Leidempfindung war – vielmehr hatte sich ein wohliger Zustand meditativer Versenkung (dhyāna) eingestellt. Sollte dies der Weg zur Erleuchtung sein? (M 36,31)

> Ich dachte: 'Nicht leicht ist es, jenen (meditativen) Wohlheitszustand zu erreichen mit einem derart ausgemergelten Körper. Wie wäre es, wenn ich handfeste Nahrung zu mir nähme – gekochten Reis mit Dickmilch?' Und so aß ich handfeste Nahrung, gekochten Reis mit Dickmilch. Die fünf Mönche aber, die sich mir angeschlossen hatten, ... waren empört und verließen mich, indem sie dachten: 'Der Śramaṇa Gautama lebt üppig, er hat sein Streben aufgegeben und ist zum Luxusleben zurückgekehrt.' (M 36,33)

»Ich aß wieder handfeste Nahrung«, berichtet Siddhārtha schlicht, und das Mahāvastu teilt mit, er habe sich einen Brei aus Erbsen, Linsen und Bohnen zubereitet, der ihn wieder etwas zu Kräften brachte. Später habe ihm dann Sujātā, die Tochter des Dorfvorstehers, gesüßten Milchreis gespendet (Mvu Ed. II p. 131). Andere Legendenbücher ergänzen, Sujātās reichhaltige Speisegabe sei ihr Dankopfer dafür gewesen, dass sie als erstes Kind einen Knaben geboren hatte (Nk 2), aber auch zehn andere Dorfmädchen hätten sich an der Speisegabe beteiligt (Lv 18).

Alle diese Erzählelemente sind erkennbar in einem Bildfeld ⑩ des Wandfrieses um die Terrassen des Borobodur-Stūpa, der im 9. Jh. n. Chr. auf der

⑩

Insel Java (Indonesien) errichtet worden ist. Der Śramaṇa Gautama – so nahe an der Erleuchtung, dass er bereits in der Ikonographie eines *Buddha* dargestellt wird – öffnet die rechte Hand und streckt sie nach links, um die Speisegabe der Sujātā entgegenzunehmen. Sujātā reicht ihm das bauchige Gefäß über die Feuerstelle hinüber, auf der der Bodhisattva sich bereits ein wenig Grütze gekocht hatte. Hinter Sujātā knien ergebungsvoll einige der anderen Dorfmädchen; die erste wedelt Kühlung mit einem Fächer, die zweite hat die Handflächen in der Verehrungs- und Grußgeste (añjalimudrā) aneinander gelegt, die dritte hält eine Schüssel mit weiteren Speisen.

9. Māras Angriff auf den Bodhisattva

Fast sechs Jahre lang hatte Siddhārtha als der Śramaṇa Gautama bei Uruvilvā Askese betrieben. Als er durch ausreichende Nahrung wieder zu Kräften gelangt war, durchwatete er den Fluss Nairañjanā und begab sich zu einem Baum, unter dem ihm die Götter eine Sitzplattform bereitet hatten. Nachdem er diese mit Kuśa-Grasschnitt bestreut (und so nach Hindubrauch kultisch gereinigt) hatte, ließ er sich mit gekreuzten Beinen und gestrecktem Rücken darauf nieder (Mvu Ed. II p.131; Lv 19), um die Erleuchtung und Erlösung durch Meditation zu verwirklichen.

Die Legende schiebt zwischen dem Einnehmen des Sitzes und der Erleuchtung des Bodhisattva zum Buddha die Erzählung ein, dass Māra, der Versucher und Herr der sinnlichen Verlockungen, den Bodhisattva an der Erleuchtung hindern wollte. Zunächst malt Māra ihm aus, welche Sinnesgenüsse ihm entgehen, wenn er nicht als Prinz in die Welt zurückkehrt. Als dies nicht fruchtet, bedroht er den Bodhisattva mit seiner Dämonenarmee, um ihn zu ängstigen und von dem Erleuchtungssitz zu vertreiben. Mahāvastu (Ed. II p. 410 ff.), Lalitavistara (21) und Nidānakathā (2) beschreiben Māras Angriff nicht ganz einheitlich.

Ein Grauschieferrelief der gräkobuddhistischen Kunst des Gandhāra-Gebietes, entstanden im 3. Jh. n. Chr. (11) und im Besitz des *Museums für Indische Kunst* in Berlin, stellt den Bodhisattva auf dem Erleuchtungssitz in der Ikonographie eines *Buddha* dar. Diese steht ihm zu, denn er hat inzwischen die achte von den zehn Stufen (bhūmi) eines Bodhisattva verwirklicht, und »von der ach-

(11)

ten Stufe an sind Bodhisattvas als vollkommene Buddhas anzusehen, weil es von ihr (der achten Stufe) kein Zurückfallen (in die Nichterlösung) gibt« (Mvu Ed. I p. 105). Zur Linken des Bodhisattva steht Māra, den Dolch gezückt, den rechten Fuß auf einen Kampfhund oder Löwen aufgesetzt. Hinter Māra bedroht ein Dämon den Bodhisattva mit einem Dreizack. Zu Māras Linker und am oberen Rand des Reliefs führen Dämonen schwere Keulen, andere schlagen Trommeln. Rund um den Bodhisattva erscheinen Geister mit Tiergesichtern; auf Kopfhöhe des Bodhisattva sind ein Widder- und ein Hundedämon, am Sitzpodest ist ein Affendämon zu sehen. Auch von rechts wird der Bodhisattva bedrängt: durch Dämonen mit Keulen, Spießen und Schwert. Ein bärtiger Mann in der Aufmachung eines Ṛṣi (links unten) nimmt nicht an dem Angriff teil – als »Seher« (ṛṣi) weiß er, wie der Kampf ausgehen wird.

Mehrfach hat der Bodhisattva durch Gesten die Dämonen in die Flucht getrieben, aber immer wieder ist die lärmende Horde zurückgekehrt. Wütend schreit Māra den Bodhisattva an: »Erhebe dich, Prinz, und genieße dein Königreich! Durch welche Verdienste willst du wohl die Erlösung erlangen?« Ohne Erregung verweist der Bodhisattva auf die zahllosen Selbstopferungen und die Gaben, die er in seinen Vorexistenzen zum Nutzen der Wesen dargebracht hat. Sanft berührt er mit den Fingern der rechten Hand die Erde und ruft sie an, die Wahrheit seiner Worte zu bezeugen. Da bricht die Erde auf, die Erdgöttin Sthāvarā[10] – am Sockel des Erleuchtungssitzes wiedergegeben – wird sichtbar mit ehrfürchtig zusammengelegten Händen und erklärt: »So ist es, wie du es sagst. Wir erscheinen, um es zu bestätigen!«

Aber noch gibt Māra, der Herr der Sphäre des Begehrens, nicht auf, denn noch hat er eine Waffe in Reserve: die Verführungskünste seiner schönen Töchter. Mit prangendem Busen (auf dem Relief in vielen Jahrhunderten von männlichen Betrachtern betastet und abgewetzt) drängt sich eine von ihnen dem Bodhisattva lüstern entgegen – vergebens, der Bodhisattva bleibt ungerührt. Auch die stärkste Waffe Māras hat versagt . (Zusammenfassung nach Lv 21)

Die Geste der Erdberührung (bhūmisparśamudrā), hier in ihrer Bedeutung beim *Bodhisattva* erklärt, findet sich auch beim vollkommen erleuchteten *Buddha*. Dazu wird verwiesen auf Kapitel 17.

10. Die Erleuchtung zum Buddha

Die Schilderung seiner Erleuchtung (bodhi), die ihn zum *Buddha*, einem Erleuchteten oder Erwachten machte, ist in Gautamas eigenen Worten erhalten. Nachdem er seinen Geist mittels der vier Tiefenstufen der Meditation konzentriert, ruhig und von Begehren frei gemacht hatte, richtete er ihn auf die Themen (1.) Präexistenzen, (2.) Karma-Gesetz und (3.) die vier Wahrheiten vom Leiden. In den drei Phasen einer Nacht gingen ihm in persönlicher Rückerinnerung allgemein gültige Erkenntnisse auf:

> (1.) Ich erinnerte mich an mancherlei Vorexistenzen, die ich durchlebt hatte, nämlich an eine Geburt, an zwei, drei, vier, fünf, zehn, zwanzig, dreißig, vierzig, fünfzig, hundert, tausend, hunderttausend Geburten. ... (Ich erkannte:) 'Dort war ich, so war mein Name, so meine Familie, dieses Glück und Leid habe ich durchgemacht, so war mein Lebensende. Nachdem ich dort gestorben war, trat ich an jenem Ort wieder ins Leben, so war (dort) mein Name, von jener Art war meine Familie, meine Kaste, mein Lebensunterhalt, dieses Glück und Leid habe ich durchgemacht, so war mein Lebensende.' – Auf diese Weise erinnerte ich mich an mancherlei Vorexistenzen mit den jeweils charakteristischen Zügen und Umständen. (M 36,38 = M 4,27)
>
> (2.) Mit dem übersinnlichen Auge, dem klaren, über menschliche Grenzen hinausreichenden, sah ich, wie die Wesen vergehen und erstehen, sah ich hohe und niedrige, glänzende und unscheinbare, wie ihnen, je nach ihren Taten (karman), günstige oder schlechte Wiedergeburt zuteil geworden war. Ich erkannte: 'Die Wesen, die von Körper, Rede und Denken schlechten Gebrauch machen, die erlangen nach dem Zerfall ihres Körpers, nach dem Tode schlechte Wiedergeburt, sinken ab, verderben, (geraten in) die Hölle. Jene Wesen hingegen, die von Körper, Rede und Denken guten Gebrauch machen, die erlangen nach dem Zerfall ihres Körpers, nach dem Tode gute Wiedergeburt, (gelangen in) den Himmel.' (M 36,40 = M 4,29)
>
> (3.) (Sodann) richtete ich meinen Geist auf die Erkenntnis der Vernichtung der (die Wiedergeburt verursachenden) Einflüsse (āsrava) und erkannte wirklichkeitsgemäß: 'Dies ist das Leiden (duḥkha); dies seine Ursache; dies seine Aufhebung; dies der Weg zu seiner Aufhebung.' (Weiter erkannte ich:) 'Dies sind die Einflüsse; dies ist ihre Ursache; dies ihre Aufhebung; dies der Weg zu ihrer Aufhebung.' Und indem ich dies erkannte und einsah, wurde mein Geist von den Einflüssen Begehren (kāma), Daseinsdrang (bhava) und Unwissenheit (avidyā) befreit. Das Wissen ging mir auf: 'Vernichtet ist (für mich) die (Wieder-)Geburt, verwirklicht habe ich das religiöse Leben, was (zur Erlösung) zu tun war, ist getan, diese Art (von leidhaftem) Leben gibt es nicht mehr für mich!' (M 36,42-43 = M 4,31-32)

Parallele – und bemerkenswert unfabulöse – Berichte über Gautamas Erleuchtung finden sich auch in den Legendenbüchern (Mvu Ed. II p. 132 ff.; Lv 22). 35 Jahre war Gautama alt, als er die Erleuchtung oder Erwachung, »das Nirvāṇa zu Lebzeiten« verwirklichte.

Die buddhistische Tradition datiert die Erleuchtung des Siddhārtha Gautama zum Buddha in die Vollmondnacht des Monats Vaiśākha und lokalisiert sie unter einen bestimmten Baum. Der Vaiśākha-Vollmond (April/Mai) ist daher der höchste Feiertag, der Aśvattha- oder Pippala-Baum (Ficus religiosa), die Pappelfeige, der heilige Baum der buddhistischen Welt. Bodhgayā, der Ort der Erleuchtung unweit der Hindu-Pilgerstadt Gayā, ist für buddhistische Pilger das wichtigste Ziel.

Personengruppen, die den Bodhi-Baum verehren im Gedenken an die Erleuchtung des Buddha, sind ein häufiges Sujet der buddhistischen Kunst: Die Erleuchtung selbst lässt sich nicht darstellen. Die vielleicht älteste Abbildung des Baumes entstand in jener Epoche der indischen Kunst, die das Abformen der Person des Buddha noch vermied und deshalb als präikonisch bezeichnet wird. Das Relief (12) gehört zum Steinzaun um den Stūpa von Bhārhut (Anfang 1. Jh. v. Chr.) und ist konserviert im *Indian Museum* in Kalkutta.

(12)

Das Relief zeigt den Bodhi- oder Pippala-Baum mit seinen typischen herzförmigen Blättern überkrönt von zwei Hoheitsschirmen. Ein fliegender Halbgott besprenkelt den Baum mit parfümiertem Wasser, ein weiterer behängt ihn mit Girlanden. Zwei Götter, übergroß wiedergegeben, halten sich vor Ergriffenheit die linke Hand vor den Mund und schwenken mit der Rechten die Enden ihrer Schals.

Unter dem Baum zu Seiten des mit Lotossen und Tagetesblüten bestreuten Erleuchtungsthrones (vajrāsana) bekunden zwei Ehepaare, vielleicht die Stifter des Reliefs, ihre Andacht durch Aneinanderlegen der Handflächen (añjalimudrā); eine der Damen bringt einen Blütenstrauß. Der Buddha bleibt von der Darstellung ausgespart, der Bodhi-Baum symbolisiert ihn zur Genüge. Seitlich des Stammes des Baumes ist das Triratna-Zeichen zu erkennen, das die Dreiheit *Buddha/Dharma/Saṅgha* symbolisiert; aus Symmetriegründen ist es doppelt wiedergegeben, aber nicht ganz identisch.

(13)

Die Inschrift in Brahmī-Schriftzeichen unterhalb der Baumkrone lautet übersetzt: »Der Erleuchtung(sbaum) des erhabenen Śākyamuni«. Den zum Himmel offenen Steinpavillon um den Baum ließ der buddhistische Kaiser Aśoka (Reg. 272-232 v. Chr.) errichten: Wahrscheinlich trug die rechts auf dem Relief dargestellte monolithische Säule mit dem Elefantenkapitell eine Widmungsinschrift des Kaisers. Der auf dem Relief erfasste Zustand um den Bodhi-Baum ist der des 1. Jh. v. Chr., als das Relief gemeißelt wurde.

Die prä- oder anikonische Kunst Indiens stellte die Erleuchtung des Buddha durch Symbole dar, aber auch die ikonische, d. h. den Buddha als Person abbildende Kunst, einsetzend im 1. Jh. n. Chr., fand für den Buddha im Moment der Bodhi keine situationstypische Gebärde. Sie bescheidet sich damit, den Vollendeten unter dem Bodhi-Baum sitzend in der Meditations- (dhyāna-) oder der Erdberührungsgeste (bhūmisparśamudrā) abzubilden.

In der Kunst von Burma (Myanmar) findet man zuweilen Darstellungen des unter dem Bodhi-Baum sitzenden Buddha, die das Motiv auf äußerste Einfachheit reduzieren. (13) Solche Kleinbronzen – die abgebildete (in Privatbesitz) ist 19 cm hoch – sind nicht zur Betrachtung bestimmt, sondern sind von frommen Leuten in Auftrag gegebene Votivgaben, die in einen Stūpa eingemauert wurden, um dessen sakrale Ausstrahlung zu verstärken. Beim Verfall des Stūpa oder bei Erdbeben kommen sie nach Jahrhunderten wieder ans Tageslicht – und werden von Nichtkennern als Primitivkunst belächelt.

11. Der Buddha in der Meditation

Meditation kann die erlösende Einsicht und Heiligkeit nicht herbeizwingen, aber sie ist geeignet, den Geist auf *einen* Punkt zu sammeln und für Erkenntnisse aufnahmebereit zu machen. Auch der Buddha war zur Erleuchtung gelangt, nachdem er seinen Geist durch Meditation (dhyāna) vorbereitet hatte (M 36,34-38).

Zumeist wird die Meditation im Sitzen auf der Erde oder einem flachen Kissen betrieben, jedoch kann auch beim Sitzen auf einem Stuhl, beim Gehen und Stehen meditiert werden. Die Standardbeschreibung des Pālikanons für die Meditation in Sitzhaltung lautet:

> Nachdem (der Bhikṣu) nach seiner Rückkehr vom Almosensammeln gegessen hat, setzt er sich mit um den Schoß geschlossenen Beinen[11] nieder, den (Ober-)Körper gestreckt, und richtet, nach vorn gewandt, in sich Bewusstheit (smṛti) auf. (D 2,67)

(14)

Die Hände liegen üblicherweise mit den Handflächen nach oben im Schoß. Dass die rechte, die »männliche« und reine Hand über der linken, »weiblichen«, auch für die Körperreinigung benutzten Hand ruht, gilt in Asien als selbstverständlich. Von der Meditationshaltung (dhyānamudrā) der Hände spricht man nur, solange die Hände nichts tragen. Wenn auf der oberen Handfläche ein Gefäß oder (im Mahāyāna-Buddhismus) ein Attribut steht, entfällt die Bedeutung.

Beispiele von meditierenden Buddhas in unterschiedlichen Sitzposen:

(14) Der Buddha im Sitz mit gegenläufig parallel gelegten Unterschen-

⑮

keln (paryaṅka). Bronze, Ceylon, etwa 14. Jh. (*Royal Scottish Museum*, Edinburgh)

⑮ Der meditierende Buddha im Lotossitz (padmāsana). Terrakottarelief aus Mīrpur Khās, Pakistan, 5. Jh. (*Prince of Wales Museum of Western India*, Bombay [Mumbai])

12. Der Buddha unter dem Mucilinda

Die Künstler Thailands und Kambodjas stellen den Buddha oft unter der Haube einer Schlange dar. Die Legende dazu ist im Pālikanon (Mv 1,3; Ud 2,1) und in den Legendenbüchern (Mvu Ed. III p. 301; Lv 24; Nk 3) überliefert.

16

Nicht lange nach seiner Erleuchtung, so das Udāna, habe sich der junge Buddha bei Uruvilvā unter einem Mucilinda-Baum mit untergeschlagenen Beinen niedergesetzt und sieben Tage so verweilt, »um die Wonne der Erlösung zu genießen«. Zu jener Zeit brach ein gewaltiger Regen aus und es blies ein kalter Wind. Da kam der Schlangenkönig, der unter dem Mucilinda-Baum wohnte, hervor, umwand mit seinem Leib den Körper des Buddha siebenmal, um ihn zu wärmen, und spreizte seine Kobrahaube über dem Haupt des Erhabenen zum Schutz vor dem Regen. Als das Wetter nach einer Weile aufklarte, löste der Schlangenkönig seine Windungen, trat in Gestalt eines Jünglings vor den Buddha hin und verneigte sich vor ihm mit zusammengelegten Handflächen.

Eine thailändische Bronze des 12./13. Jh. im *National Museum* Bangkok zeigt den Buddha unter der Haube der Mucilinda-Kobra, während er die Geste der Erdberührung vollzieht. (16) Eine analoge Steinskulptur des 11. Jh., ebenfalls aus Thailand und im selben Museum bewahrt, stellt den Buddha in der Meditationsgeste dar. (17) Bei beiden Werken ist der Gesichtsausdruck dem Sinn der Handgebärde angepasst. Der Buddha in der Erdberührung blickt konzentriert vor sich auf den Boden, der meditierende Buddha, von der Welt abgewandt, schaut in sich hinein.

(17)

13. Der Buddha setzt das Rad der Lehre in Gang

Der junge Buddha genoss seine Erlösung, hatte aber Bedenken, seine Erkenntnisse öffentlich vorzutragen. Erst nach einigem Zögern entschloss er sich, eine Lehrtätigkeit aufzunehmen. Da seine ehemaligen Mentoren Ārāḍa Kālāma und Rudraka Rāmaputra inzwischen verstorben waren, kamen ihm die fünf ehemaligen Kameraden aus der Zeit seiner Askese in den Sinn: sie würden die Lehre verstehen. Zu ihnen, in den Wildschutzpark Ṛṣipatana (heute Sārnāth) bei Benares, machte er sich auf die Wanderung.

Die fünf Asketen waren keineswegs erfreut, als der vermeintlich ins Wohlleben zurückgefallene Gautama sich ihnen näherte, erkannten aber bald seinen geistigen Rang und unterstellten sich seiner Führung. Ihnen, den Gefährten von einst, legte der Buddha seine Einsichten dar (M 26,28 f.). Der Wortlaut der ersten Lehransprache des Buddha ist überliefert:

> Diese beiden Extreme, ihr Mönche, sollte ein (in die Hauslosigkeit) Hinausgezogener nicht verfolgen. Welche beiden? (Einerseits:) Die Hingabe an Sinnesfreuden; sie ist die Weise des gemeinen Volks – unwürdig, gewöhnlich und zwecklos. (Andererseits:) Die Hingabe an Selbstquälerei – sie ist schmerzhaft, unwürdig und (gleichfalls) zwecklos. Diese beiden Extreme, ihr Mönche, hat der Erhabene vermieden, (denn) er hat erkannt, dass es der Mittlere Weg ist, der sehend macht, Wissen erzeugt, zur Beruhigung (der Leidenschaften), Erkenntnis (der Daseinsgesetzlichkeiten), Erleuchtung und zum Nirvāṇa führt. ...
>
> (1.) Dies, Mönche, ist die edle *Wahrheit vom Leiden*: Geburt ist leidhaft. Altern ist leidhaft, Krankheit ist leidhaft, Tod ist leidhaft; Trauer, Jammer, Schmerz, Gram und Verzweiflung sind leidhaft; mit Unliebem vereint, von Liebem getrennt sein ist leidhaft; Begehrtes nicht erlangen ist leidhaft – kurzum: Die fünf Aneignungsgruppen (welche die empirische Person ausmachen) sind leidhaft.
>
> (2.) Dies, Mönche, ist die edle *Wahrheit vom Ursprung des Leidens*: Es ist die Wiedergeburt bewirkende, mit Freude und Vergnügen verbundene Gier, die hier und dort Gefallen findet, nämlich: die Gier nach Lust, die Gier nach Werden, die Gier nach Vernichtung.
>
> (3.) Dies, Mönche, ist die edle *Wahrheit von der Aufhebung des Leidens*: Die restlose Aufhebung, Vernichtung, Aufgabe, das Verwerfen, Loslassen (und) Ablegen dieser Gier.

(18)

(4.) Dies, Mönche, ist die edle *Wahrheit von dem zur Aufhebung des Leiden führende Weg*: Es ist dieser achtspurige Weg, d. h. rechte Ansicht, rechter Entschluss, rechte Rede, rechtes Verhalten, rechter Lebensunterhalt, rechte Anstrengung, rechte Achtsamkeit (und) rechte Meditation. ...
So sprach der Erhabene, und die fünf Mönche freuten sich und fühlten sich glücklich über seine Worte. (Mv 1,6,17-22 = S 56,11)

Mit dieser Lehrrede über den mittleren Weg zwischen Sinnesfreuden und Askese und über die vier edlen Wahrheiten vom Leiden und seiner Aufhebung setzte der Buddha das »Rad der Lehre« in Gang.

(19)

Ein Relief aus dem 1./2. Jh. n. Chr., gefunden in Taxila (Skt.: Takṣaśīla) in Pakistan und zu sehen im *Taxila Archaeological Museum*, (18) fasst das Ingangsetzen des Dharma-Rades wörtlich auf und stellt dar, wie der Buddha das Rad der Lehre (dharmacakra) mit der rechten Hand in Rotation versetzt. Das Rad liegt auf dem Triratna-Symbol, sein Sockel ist von zwei Gazellen flankiert, die an die historische Erstoffenbarung der Lehre im Tierpark bei Benares erinnern. Da der rechte Teil des Reliefs weggebrochen ist, sind von den fünf ehemaligen Askesegefährten des Buddha nur zwei zu sehen. Unter den weiteren Personen erkennt man links den bärtigen Schutzgott Vajrapaṇi mit dem Vajra in Form einer Stampfkeule und mit einem Fliegenwedel. Die übrigen Personen sind Götter und Adoranten.

Die klassische Darstellung des Ingangsetzens der Dharma-Rades – kein erzählendes Relief, sondern ein Andachtsbild mit großer Gloriole – stammt aus dem 5. Jh. n. Chr. (19) In Sārnāth entdeckt, befindet es sich dort im *Archaeological Museum*. Die Handgeste des Buddha, die als Gebärde des Lehrrades (dharmacakramudrā) oder des Ingangsetzens des Lehrrades

(20)

(dharmacakrapravartanamudrā) bezeichnet wird, ist beidhändig. Die nach vorn offene rechte Hand formt mit Daumen und Zeigefinger das Rad, die linke Hand versetzt es mit dem Mittelfinger in Rotation.

Die gleiche Mudrā erscheint auf einer 500 Jahre jüngeren Stele aus Nālandā (20) (Privatbesitz Chicago). Auf dem Sockel sind abgebildet das Rad der Lehre und die Gazellen, die an den Tierschutzpark von Sārnāth, den Schauplatz der ersten Lehrrede des Buddha, erinnern. Die beiden Löwen an den Außenkanten des Sockels kennzeichnen den Buddha als den »Löwen aus dem Śākya-Geschlecht« (Śākyasiṃha), denn wie der Löwe die lauteste Stimme hat unter den Tieren, so hat der Buddha die vernehmlichste Stimme unter den religiösen Lehrern. Die Reliquien-Stūpas auf dem Bord hinter dem Buddha, die auf vielen Bildwerken der Pāla-Kunst erscheinen, bringen frühere Buddhas oder Heilige in Erinnerung.

Nicht immer wird der Buddha beim Andrehen des Dharma-Rades im Lotossitz gezeigt – er kann auch europäische Sitzhaltung einnehmen. Zumeist handelt es sich bei den in dieser Weise sitzenden Buddhas um solche, die in Innenräumen, in Höhlen oder Tempeln, untergebracht sind. In Höhle 10 des Höhlenkomplexes von Eḷūrā (Indien), die im 7. Jh. aus dem gewachsenen Fels gemeißelt wurde, sitzt der Buddha, von zwei Bodhisattvas flankiert, vor einem Stūpa, die Füße sind auf den Boden aufgesetzt, die Knie leicht gespreizt. (21) Die Sitzhaltung wird als Glückspose (bhadrāsana) oder Sitzen mit hängenden Beinen (pralambapadāsana) bezeichnet und findet sich auch in der buddhistischen Kunst Javas (Indonesien), so im Tempel Caṇḍi Mendut aus dem 9. Jh. (22) Die europäische Sitzpose hat in der Kunst Asiens sicherlich ihre Bedeutung; eine überzeugende Erklärung allerdings

(21)

hat bisher kein Asien-Kunsthistoriker geben können. Nicht plausibel ist, *jeden* europäisch sitzenden Buddha für eine Darstellung des Zukunftsbuddha Maitreya zu halten.

(22)

Dann und wann kommen auf Stühlen sitzende Buddhas mit der Geste der Radandrehung auch als Kleinreliefs vor — vielleicht darf man sie als Souvenir-Repliken verstehen, die Pilger von ihrem Besuch der großen Höhlen mitgebracht haben. Ein Beispiel aus Bihār (Indien) aus dem 10. Jh., (23) bewahrt im *Museum für Indische Kunst* in Berlin, ist mit 29 cm Höhe gut transportierbar. Der Buddha sitzt auf dem Löwenthron und hat die Füße auf ein Lotospodest aufgesetzt, unter dem das Rad der Lehre mit den beiden Gazellen erkennbar ist. Links davon hat sich die Auftraggeberin der Kleinstele mit einer Spendengabe abbilden lassen. Eine Inschrift, die auf dem Balken hinter dem Rücken des Buddha beginnt, läuft am oberen Rand der Stele weiter. Die in der Pāla-Kunst häufigen Stūpas neben dem Kopf des Buddha sind bei dieser Stele zu bloßen Andeutungen vereinfacht.

Mit dem Andrehen des Rades der Lehre hatte der Buddha seine Missionstätigkeit begonnen. Der erste der fünf ehemaligen Asketen, der die Einsicht und Heiligkeit verwirklichte, war Kaundinya. Kurz darauf bat er den Buddha, ihn als Jünger und Mönch anzuerkennen. Etwas später kamen auch die anderen vier Asketen – Bāṣpa, Bhadriya, Mahānāma und Aśvajit – zur erlösenden Erkenntnis der Lehre und wurden vom Buddha als Bhikṣus ordiniert. Damit war der buddhistische Mönchsorden (saṅgha) gegründet (Mv 1,6,29-37; Mvu Ed. III p. 322 ff.; Lv 26; Nk 3). Auch eine Gemeinde von weltlichen Bekennern und Bekennerinnen (upāsaka/upāsikā) entstand in jenen Wochen.

(23)

14. Das Rad der Lehre

Was für den Christen das Kreuz, ist für den Buddhisten das Rad: Symbol seiner Religion. Als Ganzes in Rotation, aber in sich ein fest gefügtes System aus Radkranz, Speichen und Nabe, in dem kein Teil verzichtbar ist, symbolisiert das Rad die Lehre des Buddha sehr treffend. Wahrscheinlich stammt das Sprachbild vom Rad vom Buddha selbst, der sich nach längerem Bedenken entschloss, »nach Kāśi (Benares) zu gehen, um das Dharma-Rad in Gang zu setzen« (Mv 1,6,8). Besonders häufig ist das Radsymbol in der präikonischen Kunst Indiens, als man den Buddha noch nicht abbildete.

(24)

Ein Medaillon vom Steinzaun um den Stūpa von Bhārhut, (24) dem 1. Jh. v. Chr. zuzuordnen und heute im *Indian Museum* in Kalkutta, zeigt das Rad der Lehre auf einer Säule, deren Kapitell zwei Gazellen schmücken – eine Erinnerung an die erste Lehrdarlegung des Buddha im Gazellenhain (Sārnāth) bei Benares. Vier Laienbekenner, die Frauen kniend, die Männer stehend, erweisen dem Radsymbol ihre Verehrung; einer der Männer beabsichtigt, das Rad mit einer Blütengirlande zu bekränzen.

In der präikonischen Kunst Indiens erscheint das Rad oft stellvertretend für den nicht dargestellten Buddha – so auf dem Bildfeld eines Steinbalkens vom Stūpa von Amarāvatī, (25) entstanden wohl im 1. Jh. n. Chr. (*Government Museum*, Madras [Chennai]). Das Rad steht auf einer Säule hinter dem leeren Thron des Buddha. Auf dem Trittbänkchen vor dem Thron sind die Fußabdrücke des Meisters zu sehen. Jeder Abdruck trägt das Radzeichen, denn das Rad auf den Fußsohlen ist (nach D 30,1,2) das Kennzeichen eines großen Mannes (mahāpuruṣa). Zwei zu Seiten der Säule stehende Diener fächeln dem (als Person unsichtbaren) Buddha mit Fliegenwedeln (cāmara) Kühlung zu. Ein Ehepaar, vielleicht aus Altersgründen in entspannter Beinpose sitzend, bezeigt seine Verehrung.

(25)

Dass das Rad sowohl Sinnbild der Lehre als auch das des Buddha und des Mönchsordens sein kann, belegt ein Steinfragment (26) vom Kloster Loriyān Tangaī (Pakistan) im *Indian Museum* in Kalkutta. Das Relief stellt die Verehrung der »drei Juwelen« *Buddha/Dharma/Saṅgha* dar: Jedes der drei Juwele ist durch ein Rad symbolisiert. Buddhistische Mönche legen vor dem Dreiersymbol andächtig die Handflächen aneinander und machen damit deutlich, dass es sich bei der Verehrung von Symbolen nicht um einen Brauch nur der Laienbekenner handelt.

Keine Erkenntnis hat das Zählen der Speichen der alten Radsymbole erbracht; die Kunst Altindiens scheint der Speichenzahl keine Bedeutung beigemessen zu haben. Anders wird das in

(26)

(27)

jüngerer Zeit, die dem Radsymbol gewöhnlich acht Speichen gibt: sie versinnbildlichen die acht ethischen Regeln (śīla), die der Buddha in der letzten seiner vier Wahrheiten umrissen hat. Das achtspeichige Rad mit den zwei Gazellen ziert die Dachfront aller tibetischen Tempel – hier (27) des Stadttempels (Jokhang) von Lhasa. Ebenso haben viele der buddhistischen Gemeinschaften in Europa das Rad der Lehre zu ihrem Signet gewählt, darunter die Deutsche Buddhistische Union (DBU) in München, (28) die als Dachorganisation die buddhistischen Gesellschaften Deutschlands zusammenfasst.

(28)

15. Der Buddha als Lehrer

Kurz nachdem er die fünf ehemaligen Mitasketen zu Mönchen ordiniert und damit den Orden (saṅgha) gegründet hatte, trug der Buddha den Bhikṣus die Erkenntnis vor, die den Mittelpfeiler seines Lehrgebäudes darstellt: Nirgendwo in der Welt gibt es etwas Ewiges, auch nicht in uns. Wir haben zwar ein Ichbewusstsein und ein Gefühlsleben, besitzen aber keinen dauerhaften Wesenskern, keine Seele (ātman), die den Körpertod überlebt: wir sind *anātma*, »bar einer (ewigen) Seele«. Das Wort »ich« ist bloß ein Etikett zur Selbstbezeichnung und hat nach unserem Tod keinen Inhalt mehr. In der »Lehrrede von den Kennzeichen der Nicht-Seele« (Mv 1,6,38-45 = S 22,59) führt der Buddha aus, dass kein Bestandteil der empirischen Person die Unvergänglichkeit besitzt, die man von einer Seele erwarten muss. In anderen Lehrreden erläutert er, dass die Wiedergeburt sich nicht vollzieht als Seelenwanderung, sondern als ein bedingtes Entstehen.

(29)

Der Buddha scheint bei seinen Lehrreden wichtige Punkte dadurch markiert zu haben, dass er die rechte Hand erhob und Daumen und Zeigefinger zum Ring schloss. Als im 1. Jh. n. Chr. Buddhabildnisse üblich wurden, gaben die Künstler dem Meister diese Handhaltung, um ihn als Lehrer zu kennzeichnen. Die Gebärde wird als Darlegungs- oder Erklärungsgeste (vitarka-, seltener vyākhyānamudrā) bezeichnet. Die linke Hand ist dabei ohne Ausdrucksbedeutung und liegt bei sitzend wiedergegebenen Buddhas in der Mußegeste (avakāśamudrā) im Schoß.

Die Darlegungsmudrā kommt sowohl bei stehenden als auch bei kreuzbeinig und europäisch sitzenden Buddhas vor. Bildbeispiel (29) zeigt eine moderne Kleinstele aus Speckstein (Privatbesitz), die einen stehenden, seine Mönche belehrenden Buddha der Gupta-Zeit repliziert; Bildbeispiel (30) einen auf flacher Unterlage sitzenden Buddha aus dem 9. Jh. n. Chr. aus Nāgapaṭṭinam (*Museum of Fine Arts*, Boston); Bildbeispiel (31) einen erhöht sitzenden Buddha mit aufgesetzten Füßen aus dem 7./8. Jh. n. Chr. aus Thailand (*National Museum*, Bangkok). Die letztere Skulptur stellt möglicherweise den Besuch des Buddha im Himmel der dreiunddreißig (Götter) dar, bei dem er, auf dem Thron des Götterkönigs Śakra sitzend, den Göttern die Lehre darlegte; die Legende ist unten in Kapitel 24 referiert.

(30)

Nur vermutungsweise Erklärungen[12] geben die ikonographischen Bücher zu dem Buddhatyp mit beidhändiger Darlegungsgeste, so zu der thailändischen Bronze des 14. Jh. im *Rautenstrauch-Joest-Museum für Völkerkunde* in Köln. (32) Die mündliche Tradition Thailands liefert die erhellende Antwort: Die doppelte Vitarkamudrā kennzeichnet den Buddha als »Lehrer für Götter und Menschen«. Tatsächlich ist dieser ehrende Titel für den Buddha im Pālikanon vielfach belegt:

> Der Erhabene ist ein Heiliger, voll-erleuchtet, in Wissen und Wandel vollkommen…, ein Lehrer für Götter und Menschen. (M 75,4 ≈ M 4,21)

Man wird kaum fehlgehen, wenn man der thailändischen Deutung zustimmt.

(31)

(32)

16. Schenkungen an den Buddha: die Klöster Veṇuvana und Jetavana

Die Monsunmonate (Mitte Juni – Anfang Oktober) des Jahres der Erleuchtung und Ordensgründung verbrachte der Buddha bei Benares im Wildpark Ṛṣipatana (Sārnāth), wo die Mönche ihm aus Bambus und Blättern eine Regenhütte errichtet hatten. Als die Regenzeit zu Ende war, machte er sich auf nach Osten, um die Lehre auch am Ort seiner Askese und Erleuchtung, in Uruvilvā, vorzutragen. Danach ging die Wanderung nach Rājagṛha, in die Hauptstadt des Königreichs Magadha, wo König Bimbisāra residierte.

Die Begegnung mit dem König verlief erfreulich. Der junge Monarch war vom Buddha fasziniert und erklärte sich als Laienbekenner zu seiner Lehre (Mv 1,22,9-11). Am nächsten Morgen nach einer gemeinsamen Mahlzeit schenkte der König dem Buddha seinen vor dem Nordtor von Rājagṛha gelegenen Bambuswald (veṇuvana) als Klostergelände (Mv 1,22,16-18). Mit dem Übertritt König Bimbisāras zum Dharma war die Lehre des Buddha im Reich Magadha (südlich des Gaṅgā-Flusses) staatlich gebilligt. Die Tore zu ihrer Verbreitung hatten sich aufgetan.

Ein Jahr später, abermals in Rājagṛha, begegnete der Buddha dem reichen Kaufmann Sudatta Anāthapiṇḍada, der aus Śrāvastī, der Hauptstadt des Königreichs Kośala (nördlich der Gaṅgā) stammte und sich nur zufällig in Rājagṛha aufhielt. Anāthapiṇḍada bat den Buddha, seine Lehre möglichst bald auch in Śrāvastī darzulegen; er, Anāthapiṇḍada, werde ihm dort einen Klosterhain stiften. Nach Śrāvastī zurückgekehrt, machte sich Anāthapiṇḍada sofort nach einem geeigneten Gelände auf die Suche.

(33)

Nicht lange nach dem Gespräch mit Anāthapiṇḍada wanderte der Buddha in vielen Tagesmärschen nach Śrāvastī und ließ sich, dort eingetroffen, in dem Park nieder, den der Kaufmann inzwischen von dem Prinzen Jeta erworben hatte. Tags darauf empfing Anāthapiṇḍada den Buddha mit seinem Gefolge von Mönchen zur Morgenmahlzeit und machte ihm den »Park des Prinzen Jeta« (jetavana) zum Geschenk (Cv 6,9).

Eine erzählende Darstellung der Schenkung des Jetavana-Klosterparks, die noch der präikonischen Epoche angehört, findet sich auf einem Pfeiler des Steinzauns um den Stūpa von Bhārhut (2./1. Jh. v. Chr.), (33) heute im *Indian Museum* in Kalkutta. Anāthapiṇḍada hatte den Park von dem Prinzen Jeta so teuer gekauft, dass die ganze Fläche mit Münzen bedeckt werden konnte (Cv 6,4,9). Das Relief zeigt, wie das Geld mit Karren herbeigeschafft worden ist und Arbeiter die Münzen auf der Erde auslegen. Prinz Jeta (vorn) steht dabei und beaufsichtigt den Vorgang. Der Stifter Anāthapiṇḍada (Bildmitte) hebt die Wasserkanne, um die Hände des (nicht dargestellten) Buddha zu übergießen: im alten Indien das Ritual der rechtsverbindlichen Eigentumsübertragung. Der Empfänger der Stiftung wird durch einen kleinen Bodhi-Baum symbolisiert. Eine staunende Volksmenge (oben links) schaut der Schenkungszeremonie zu.

Ein gräkobuddhistisches Relief des 2.-4. Jh. n. Chr. aus dem Gandhāra-Gebiet, (34) bewahrt im *Museum von Peshawar* (Pakistan), beschreibt die gleiche Schenkungszeremonie in ikonischer Darstellung. Anāthapiṇḍada (dritter von links) ist mit drei weiteren Personen, wohl Sohn, Tochter und Schwiegersohn, dem Buddha entgegengeschritten und schickt sich an, aus dem kugelförmigen Gefäß, das er mitgebracht hat, die Hände des Buddha mit Wasser zu übergießen: das Zeremoniell der Schenkung. Der Buddha (mit Nimbus) ist von einem Mönch begleitet (möglicherweise der Rechtsexperte Upāli), damit dieser die Schenkung später bezeugen kann. Denn der Buddha legte Wert auf Rechtsklarheit: Als Sohn eines regierenden Rāja hatte er in seiner Jugend seinen Vater bei Gerichtsverfahren und Verwaltungsgeschäften beobachtet und durch Zuhören gute juristische Kenntnisse erworben.

Zu den Einwohnern von Śrāvastī, die den (400 m langen) Weg zum Jetavana-Hain auf sich nahmen, um den Buddha zu sehen, gehörte auch König Prasenajit von Kośala. Zwischen ihm und dem Buddha entstand eine herzliche Freundschaft, und bald bekannte sich auch der Kośala-König zur Buddhalehre. Wie im Königreich Magadha so war jetzt auch im Königreich Kośala der Dharma des Buddha offiziell anerkannt.

(34)

35

36

17. Der Buddha als Künder der Wahrheit

Schätzungsweise zwei Drittel aller Buddhastatuen in westlichem Privatbesitz zeigen Gautama in der Geste der Erdberührung (bhūmisparśamudrā). Sie wird in der Literatur oft als die »Mudrā des Sieges über Māra« (māravijayamudrā) bezeichnet, denn sie ist aus der (oben in Kapitel 9 wiedergegebenen) Legende abgeleitet, dass Māra, der Versucher, das Anrecht des Bodhisattva Gautama auf Erleuchtung bezweifelte, und dass der Bodhisattva durch Berühren der Erde mit der rechten Hand die Erdgöttin herbeirief, damit sie sein Anrecht auf Erlösung bezeuge. Abstrahiert von dieser Legende und bezogen auf den *vollendeten* Buddha kennzeichnet die Gebärde der Erdberührung den Buddha als Künder der Wahrheit. Die linke, im Schoß ruhende Hand liegt in der Mußegeste (avakāśamudrā) und hat hier keine Symbolbedeutung.

Einem Stil des 14./15. Jh. zuzuordnen ist diese kleine Skulptur aus Thailand, (35) jedoch handelt es sich möglicherweise um eine Replik aus jüngerer Zeit. Kennzeichnend für den Sukhothai-Stil sind der zwiebelförmige Knauf über dem Schädelauswuchs (der in der jüngeren Thai-Kunst zu einer Flammenspitze wird), die Doppelkontur der Lippen und die rechte Hand, die auf dem Knie ruht ohne bis ganz auf die Erde zu reichen. (Privatsammlung)

In westlichem Privatbesitz zahlreich sind Buddhastatuen aus Burma (Myanmar), von denen die älteren als Scheitelkrönung einen Knauf (analog dem frühen Thai-Stil) oder eine kegel- bzw. flaschenförmige Spitze aufweisen. Charakteristisch für Werke des 18. und frühen 19. Jh. sind die Stege, die die Hände gegen das Abbrechen versteifen. Bei dieser Statue des 19. Jh. (36) sind die in der Mußegeste liegende linke Hand wie auch die in der Erdberührung nach unten weisende Rechte durch Gussbrücken abgestützt. (Privatbesitz)

Buddhastatuen im Mandalay-Stil entstanden, nachdem 1861 der burmesische Königshof von Amarapura nach Mandalay verlegt worden war. Der Mandalay-Stil (37) verzichtet auf die Scheitelspitze und gestaltet Haar und Schädelwulst (uṣṇīṣa) durch Lackarbeit, die oft vergoldet wird. Die Verstärkungsstege der älteren Kunst entfallen, die Erdberührungshand ist besser ausgearbeitet. Größere Sorgfalt als der ältere Stil legt der Stil von Mandalay zudem auf die Wiedergabe der Falten des Mönchsgewandes. Manchmal ist der ansonsten über die linke Schulter nach hinten hängende Teil der Robe über die rechte Schulter wieder nach vorn gezogen und bedeckt sie, (38) vermutlich zur Herstellung künstlerischer Symmetrie (Privatsammlung). Im Mandalay-Stil gestaltet sind auch die Buddhastatuen in den meisten Tempeln von Burma. Großenteils sind sie durch eingesetzte Augen lebendig gemacht; überdies sind Stirnband und Gewandsäume durch Einlegearbeiten aus buntem Spiegelglas geschmückt.

Eine Sonderform von Buddhastatuen ist anzutreffen in Zentralburma und an der Küste von Arakan. Der Buddhatyp »Jambupati« (39) zeigt Gautama in herrscherlicher Aufmachung. Er trägt eine vielzackige Krone mit breiten Seitenflügeln und über der Mönchsrobe königlichen Schmuck; dazu Armreife (39) (Privatsammlung). Professor Otto Karow teilt dazu mit,[13] diese Art der Darstellung des Buddha sei in Burma aufgekommen

(37)

(38)

39

als Reaktion auf die gekrönten Buddhabildnisse des Mahāyāna-Buddhismus, die in den Ländern des Theravāda-Buddhismus auf Unverständnis stießen. Im 13./14. Jh. entstand die Legende vom herrschsüchtigen König Jambupati, die für den Typ des gekrönten Buddha eine Erklärung und Rechtfertigung lieferte. Der Name Jambupati[14] sei dann auf den Buddhatyp mit Krone übertragen worden.

Einst, so die Legende, lebte ein (König) Jambupati, der der mächtigste aller Weltherrscher werden wollte. In seiner Überheblichkeit und seinem unstillbaren Machtgelüste bedrohte er den König Bimbisāra von Magadha, der ein Freund des Erleuchteten (Buddha) war. Mittels seiner magischen Geisteskräfte verwandelte sich der Buddha darauf in einen »König der Könige« (rājādhirāja) und befahl dem Jambupati, vor ihm zu erscheinen. Überwältigt von der himmlischen Großartigkeit des Palastes und der Ehrfurcht gebietenden Gestalt des herrscherlichen Buddha in seiner kostbaren Gewandung, unterwarf sich Jambupati und verzichtete auf seinen Thron. Es heißt, am Ende habe er als Schüler des Buddha Nirvāṇa erlangt.[15]

18. Der Buddha auf Wanderung und Almosengang

Der Buddha gehörte zu den hauslosen Wanderern (śramaṇa), die von Almosen leben; die buddhistischen Mönche führen deshalb die Bezeichnung »Bettler« (bhikṣu). Im alten Indien sah man sie allenthalben – morgens bei der Almosenrunde, nachmittags auf der Wanderung zu einer neuen Übernachtungsstelle.

Schreitende Buddhas sind eine Besonderheit der Kunst von Thailand. Eine Bronze dieser Art (40) – durch eine Widmungsinschrift auf das Jahr 1482 datiert – zeigt den Buddha, wie er, voll konzentriert, großen Fußabdrücken nachschreitet: Er ist auf der Fährte seiner Vorgänger-Buddhas, deren vergessene Lehre er wieder entdeckt und neu dargelegt hat. (*National Museum*, Bangkok)

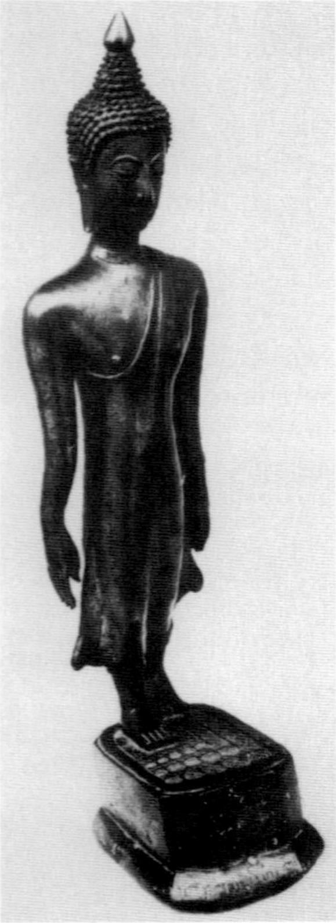

(40)

Buddhas mit dem Almosentopf (pātra) auf dem morgendlichen Bettelgang sind ebenfalls ein Kunstmotiv, das sich auf Thailand beschränkt. Eine Bronzestatue aus dem 16. Jh. n. Chr. in der *Sammlung des Klosters Benchamabopit* in Bangkok (41) porträtiert den Meister mit Almosentopf und der Mantelrobe, die auch die rechte Schulter bedeckt, denn die Klosteretikette schreibt den Mönchen vor, bei der Almosenrunde vollbekleidet aufzutreten: Der Bhikṣu muss vermeiden, durch seine männliche Erscheinung bei den Frauen und Mädchen, die ihn mit Essen versorgen, begehrliche Gedanken aufkommen zu lassen. Mit niedergeschlagenem Blick, den Almosentopf vor dem Körper, wartet er wortlos ab, ob ihm Speise in den Topf gefüllt wird – der Ausdruck »Schale« ist wegen der Form und Größe des Gefäßes unangebracht. Hat der Mönch eine Speisegabe erhalten, wandert er weiter, ohne zu danken, denn nicht er ist es, der Dank schuldet, sondern die

(41)

Geberin oder der Geber, denen er durch seinen Besuch die Möglichkeit geboten hat, religiöses Verdienst (puṇya) zu erwerben.

Abgesehen von der ikonographischen Bedeutung der Bildnisse verbindet sich mit ihnen in Thailand ein äußerer Brauch. Jeder Buddhatyp ist dort einem bestimmten Wochentag zugeordnet. Den Buddha mit dem Almosentopf verehren besonders jene Personen, die an einem Mittwoch geboren sind.

Ein Fall rührender Spendewilligkeit wurde im 6. Jh. am Eingang zur Höhle 19 von Ajaṇṭā bildlich festgehalten. (42) Bei der Almosentour durch ein Dorf hat sich dem Buddha ein Kind genähert, das ihm etwas geben will. Der Meister hat seine Almosenschale (diesmal tatsächlich eine Schale) gesenkt, um die Gabe entgegenzunehmen. Das Kind, das nichts anderes besitzt, wirft ihm eine Hand voll Erde in das Gefäß. Der Meister erkennt die gute Absicht und nimmt die Spende entgegen, um dem Kind religiöses Verdienst zukommen zu lassen.

(42)

19. Der Buddha besucht seine Heimatstadt

Acht Jahre nachdem er Kapilavastu verlassen hatte um als Wandermendikant die Erlösung zu suchen, und zwei Jahre nach der Verwirklichung der Erleuchtung besuchte der Buddha seine Heimatstadt zum ersten Mal wieder. Nach mehrwöchigem Marsch erreichten er und die ihn begleitenden Mönche Kapilavastu gegen Abend. Am nächsten Morgen zogen sie, die Almosengefäße vor sich tragend, durch die Straßen, um an den Häusern Nahrung zu erbetteln. Dabei wurde der Buddha als der Sohn des Rāja Śuddhodana erkannt und dem Rāja gemeldet.

Die Begegnung des Buddha mit seinem Vater verlief nicht harmonisch. Der Rāja Śuddhodana war verärgert darüber, dass sich sein Sohn vor den Bürgern von Kapilavastu als Wanderbettler hatte sehen lassen, und schalt ihn deshalb. Ein paar Tage später bei einem weiteren Besuch im Hause des Rāja zeigte auch des Buddha ehemalige Gattin ihren Unmut. Sie instruierte den gemeinsamen, jetzt achtjährigen Sohn Rāhula: »Das, Rāhula, ist dein Vater. Geh hin zu ihm und frage ihn nach deinem Erbteil!« Artig tat der kleine Rāhula, wie ihm geheißen. Er grüßte den Buddha höflich, und als er das Haus verließ, folgte er ihm mit den Worten: »Gib mir mein Erbe, Mönch, gib mir mein Erbe!« Der Buddha reagierte würdevoll und wirksam. Er wies seinen Meisterjünger Śāriputra an, den Knaben als Novizen zu ordinieren. Der Rāja Śuddhodana war untröstlich, dass jetzt auch sein Enkel der Familie entzogen war. (Mv 1,54)

Rāhulas Frage an seinen Vater ist dargestellt auf einem Reliefmedaillon (43) des Steinzauns um den Stūpa von Amarāvatī aus dem 3. Jh. n. Chr. (*British Museum*, London). Rāhula und seine Mutter sind zweimal abgebildet. Im linken Bildteil steht die Mutter mit verschränkten Armen und betrachtet aus der Entfernung,

(43)

reserviert, aber neugierig, ihren ehemaligen Gatten, während sie dem kleinen Rāhula Weisung gibt, was er tun soll. Im Zentrum des Reliefs ist sie noch einmal zu sehen, wie sie den Rāhula dem Buddha entgegenschiebt. Rāhula zupft an der Mantelrobe des Buddha, um sich bemerkbar zu machen. Der Buddha, mit Glorienschein und in würdiger Haltung auf zwei Lotoskissen stehend, hebt die rechte Hand in der Geste der Ermutigung. Als vornehme Dame hat die Rāhula-Mutter ihren Oberkörper mit einem Schal bedeckt; die anderen Frauen im Bild sind, der damaligen Sitte und dem Klima gemäß, ohne Busenbedeckung.

Auffällig sind des Weiteren zwei Männer. Der alte Mann (vom Betrachter aus) links vom Buddha ist der Aufseher des Frauenhauses. Ob die Person rechts am Bildrand den Rāja Śuddhodana darstellt, lässt sich nicht eindeutig sagen, möglich ist es, obwohl der Rāja wohl stolzer auftreten würde. Hinter ihm, in dem zerstörten Teil des Medaillons, waren ursprünglich vermutlich Bhikṣus des Buddha zu sehen, darunter Śāriputra, der den Rāhula zum Novizen ordinieren und für die nächsten Jahre sein Präzeptor sein wird.

Betrachtenswert sind ferner die nicht näher bestimmbaren Personen des Reliefs. Oben stehen Personen der Śākya-Familie, einige davon in ehrfürchtiger Haltung. Die Frauen im unteren Bildfeld könnten die Mütter oder Hüterinnen der Kinder sein, die unten links und rechts erkennbar sind. Auch ihr Spielgefährte, ein Zwerg, und ihre Spielzeuge sind abgebildet, ein Pferdchen und ein Elefant auf Rollen.

20. Der Buddha in der Ermutigungsgeste

Die altindische und in Südasien noch heute übliche Grußform ist das Zusammenlegen der Handflächen vor der Brust oder vor der Stirn (añjalimudrā) mit gleichzeitiger Verneigung – ein Gruß, der Verehrung und Ergebenheit ausdrückt. Eben deshalb kommt er in der buddhistischen Ikonographie nur bei untergeordneten Personen, niemals beim Buddha selber vor: Nach der Überzeugung der Frommen steht ein *Buddha* in der geistigen Hierarchie an oberster Stelle und ist niemandem Ehrerbietung schuldig. Auf allen künstlerischen Darstellungen wird der Meister deshalb so dargestellt, dass er seine Besucher mit der Ermutigungsgeste (abhayamudrā) willkommen heißt.

Zur Ermutigungsgeste wird die rechte – seltener: die linke – Hand mit der Innenfläche nach außen auf Brust- oder Schulterhöhe angehoben. Westliche Autoren erklären die Gebärde, ihren Sanskritnamen wörtlich übersetzend, als »Geste der Furchtlosigkeit« oder »Geste des Schutzes«, asiatische Buddhisten geben Deutungen, die eher die Bezeichnung »Ermutigungsgeste« nahe legen. Der Buddha, so sagen sie, besaß als Vollendeter das übersinnliche Auge (divyacakṣus) und das übersinnliche Gehör (divyaśrotra), mit denen er Verborgenes wahrnehmen konnte. Sich einem Manne zu nähern, der ihre Gedanken las, waren viele Menschen zu scheu und wurden deshalb vom Buddha durch die erhobene Rechte ermutigt.

Bei *sitzend* dargestellten Buddhas ist die Ermutigungsgeste häufig in der Kunst von Mathurā; die an anderen Orten hergestellten Abbilder des sitzenden Meisters zeigen die Abhayamudrā weniger oft. Aus dem 8. Jh. n. Chr. stammt die kleine Messingfigur (44) im ladakhischen Kloster Phiyang, die stilistisch an Vorbilder aus Kaschmir erinnert. Lächelnd, mit Augen, die aus Silber eingelegt und mit schwarzer Pupille versehen sind, schaut der Buddha den Betrachter an; die rechte Hand ist einladend wie zum Gruß erhoben, die linke umschließt den Zipfel der Mönchsrobe.

(44)

Bei stehenden Buddhabildnissen ist die Ermutigungsgeste die häu-

45

figste. Eines der vollendetsten Stücke dieser Ikonographie ist der Buddha von Hoti-Mardān (Pakistan) aus dem 2. Jh. n. Chr., dessen rechte, in der Ermutigungsgeste angehobene Hand leider weggebrochen ist. (45) Die linke Hand hält die Mantelrobe in Spannung, die nur aus einem großen Tuch besteht und stets die Tendenz hat, von der Schulter zu gleiten. Die Skulptur wurde Mitte des 19. Jh. bei der Aushebung des Swāt-Kanals gefunden und schmückte mit anderen buddhistischen Kunstwerken bis 1947 das Offizierskasino des Queen Victoria's Own Corps of Guides in Mardān. Ihr Verbleib seitdem ist unbekannt.

Drei Jahrhunderte jünger als der Buddha von Mardān ist der Sandsteinbuddha im Gupta-Stil, der in Sārnāth, dem Ort der ersten Lehrpredigt des Buddha, entdeckt wurde und jetzt im *Indian Museum* in Kalkutta konserviert ist. (46) Trotz gleicher Ikonographie wirkt er nicht ganz so erhaben und priesterlich wie der Gandhāra-Buddha – teils durch das zum Schritt angehobene rechte Knie, teils durch den Fortfall der schweren Gewandfalten, teils durch die heitere Rankenornamentierung der Gloriole.

Ceylonesische Kunsthandwerker wandeln die Ermutigungsgeste häufig ab, indem sie die Handkante des dargestellten Buddha nach vorn drehen. Das Urbild für diese 16,2 cm hohe Knochenschnitzerei (47) (Privatsammlung) ist der

46

47

14 m hohe Kolossalbuddha von Avukana (Aukana) (40 km südöstlich von Anurādhapura), der im 8./9. Jh. aus dem Fels geschlagen worden ist. Eine Erklärung der Mudrā war auch bei den Mönchen am Ort nicht zu erhalten.

Sowohl in rechts- als auch in linkshändiger Form findet man die Ermutigungsgeste bei schreitenden Buddhas in der Kunst von Thailand. Die Abhaya-Gebärde symbolisiert dort: »Ich komme in freundlicher Absicht« und wird als Geste erklärt, die bei den besuchten Personen Vertrauen schaffen soll. Eine thailändische Kleinbronze des 14. Jh. n. Chr. (*Sammlung R. le May*) (48) vollzieht die Ermutigungsgeste mit der rechten Hand, eine Thai-Bronze des 15. Jh. im *Rautenstrauch-Joest-Museum für Völkerkunde* in Köln (49) vollzieht sie mit der Linken. Der Sinn der Mudrā dürfte in beiden Fällen der gleiche sein.

Schreitende Buddhas, oft unmännlich wirkend, sind in Thailand auch auf Amuletten häufig: mehrheitlich ist es die linke Hand, die erhoben ist. Vermutlich geht diese Ikonographie auf ein berühmtes Buddhabildnis an einem Pilgerort zurück.

(48)

(49)

21. Das Doppelwunder von Śrāvastī

Der Buddha hatte von Wundern eine geringe Meinung und bezeichnete sie als gefährlich, verwirrend und abzulehnen (D 11,5). Sie beweisen nichts für die Richtigkeit einer Lehre, das war seine Überzeugung. Hausbürgern, d. h. Weltlingen zum Zwecke der Bekehrung magische Fähigkeiten (ṛddhi) vorzuführen, verbot er seinen Mönchen und legte für den Verstoß sogar eine Ordensstrafe fest (Cv 5,8,2).

Just diese ablehnende Einstellung des Buddha gegenüber Zauberdemonstrationen ermutigte die nichtbuddhistischen Wandermendikanten zu der Bekanntgabe, sie würden ihre magischen Fähigkeiten zur Schau stellen, wenn Gautama ein Gleiches tue. Sofort als der Buddha dies erfuhr, erklärte er sich zu einer Demonstration seiner Wundermacht bereit. Die von ihm selbst erlassene Regel, keine Wundertaten vorzuführen, binde nur seine Schüler, nicht ihn selbst, erklärte er dem Magadha-König Bimbisāra; die magische Vorführung werde in vier Monaten bei Śrāvastī stattfinden. – Eine große Menschenmenge folgte dem Meister, als er sich von Rājagṛha in die Kośala-Hauptstadt auf den Weg machte.

König Prasenajit von Kośala empfing den Buddha freundlich und erkundigte sich, wo in Śrāvastī die magische Darbietung geboten werde. »Am Mangobaum des (Gärtners) Gaṇḍa«, erwiderte der Meister. Als dies bekannt wurde, rissen die nichtbuddhistischen Wandermendikanten, die die Vorführung verhindern wollten, die Wurzeln aller Mangobäume aus der Erde. Der Gärtner Gaṇḍa aber kannte ein Nest aus Blättern, in dem die roten Ameisen sich (als Nahrungsreserve) eine reife Mango versteckt hatten. Er holte sie und gab sie dem Buddha als Almosenspeise. Der Meister trank den mit Wasser verdünnten Saft und bat Gaṇḍa, den Kern einzupflanzen. Sofort schoss ein prächtiger Mangobaum in die Höhe, der Blüten und Früchte trug. Die große Wunderdemonstration des Buddha konnte wie vorgesehen stattfinden.

Das Doppelwunder (yamakaprātihārya) – beschrieben im Pālikommentar zum Dhammapada (DhpA Ed. III p. 213 ff.)[16] – ist dargestellt auf einer Gandhāra-Stele des 6. Jh. n. Chr. (50)

(50)

im *Museum für Indische Kunst* in Berlin. Der Buddha ist von der Erde emporgeschwebt und steht über der staunenden Menge, der er durch die Ermutigungsgeste der rechten Hand die Scheu vertreibt. Aus seinen Schultern schlagen Flammen, aus seinen Füßen strömt Wasser, ja allen Poren seines Körpers entströmen Feuer und Wasser zugleich. Er spricht zu den Menschen über die Lehre. Während der Jubel der Menge zu ihm hochbrandet, durchschaut er die Herzen der Menschen und schafft jedem von ihnen durch ein individuell angepasstes Wunder das klare Verständnis des Dharma.

Aber er erkennt auch, dass in der gewaltigen Menschenschar niemand in der Lage ist, ihm profunde Fragen zu stellen. Da schafft der Meister durch seine übernatürliche Macht ein Doppel von sich selbst, mit dem er in ein Wechselgespräch eintritt. Wie dem Buddha selbst schlagen dem Doppel Flammen aus dem Schultern, darum ist er optisch vom Meister nicht zu unterscheiden. Die beiden Buddhagestalten zuseiten der zentralen Skulptur sind deshalb völlig identisch dargestellt.

Die übrigen Personen auf der Stele sind sekundär. In dem Bildfenster unter dem linken kleinen Buddha erkennt man Vajrapāṇi, den ständigen Schutzbegleiter des Buddha; die Göttin mit dem Füllhorn auf der Gegenseite ist nicht bestimmbar. Unterhalb und seitlich des schwebenden Buddha kauern zwei Adoranten, vielleicht die Stifter des Bildwerks.

22. Der Buddha sitzend – mit Almosengefäß

Abbildungen des kreuzbeinig sitzenden Buddha mit dem Almosengefäß auf dem Schoß gelten in Tibet als Gautamas offizielles Porträt. Die Darstellungsweise charakterisiert den Buddha als Leiter eines Ordens von Bettelmönchen und als »der Spenden würdig« (arhat). Auf Rollbildern ist sie häufiger als in der Skulptur.

(51)

(52)

Die Darstellungsart hat zwei Varianten. Bei der ersten steht das Almosengefäß (pātra) auf Gautamas im Schoß zusammengelegten Händen. Die Handhaltung entspricht der bei der Meditation, ohne dass Meditation hier gemeint ist. Ein perfektes Beispiel dieses Buddhatyps ist die aus dem 9. oder 10. Jh. stammende, in Kaschmir gegossene Miniaturbronze (Privatsammlung USA). (51) Der Buddha ist dargestellt in der Weise, dass die Mantelrobe beide Schultern bedeckt – er ist für das bronzene Porträt formell gekleidet.

Bei der zweiten Darstellungsart hält der Buddha den Almosentopf nur mit der linken Hand, die rechte Hand vollzieht die Geste der Erdberührung (bhūmisparśamudrā), die ihn als Verkünder der Wahrheit kennzeichnet. Illustration (52), eine Miniaturbronze aus Tibet aus dem 18. Jh. (Privatsammlung), stellt den Buddha in dieser Ikonographie vor Augen.

Bekenner des Theravāda-Buddhismus geben für den sitzenden Buddha in Erdberührungsgeste und mit Almosengefäß zuweilen eine Erklärung, die sich im Pālikanon (S 7,11 und Snip 1,4) findet. Auf seiner Wanderung, so der Kanon, kam der Buddha eines Morgens zu dem Dorf Ekanāla, wo der reiche brahmanische Bauer Bhāradvāja, nachdem er seine Felder für die Aussaat gepflügt hatte, Essen an seine Lohnarbeiter austeilte. Gautama stellte sich mit seinem Almosentopf dazu und wartete, ob ihm etwas gereicht würde. Bhāradvāja überging ihn: Nur wer pflüge und säe, habe ein Recht auf Essen.

53

Der Buddha wies den Vorwurf der Untätigkeit zurück. Auch ein geistlicher Lehrer, so erklärte er, habe ein Existenzrecht, denn er pflüge und säe (in die Herzen der Menschen) und die Ernte sei Todlosigkeit (= Nirvāṇa). Der Text führt die Szene nicht weiter aus, wohl aber die bildende Kunst. Der Buddha setzte sich, das Almosengefäß im Schoß, nieder und berührte die Erde als Zeugin für die Wahrheit seiner Worte.

Die Kunst von Burma (Myanmar) stellt den sitzenden Buddha mit dem Almosengefäß manchmal in der Weise dar, dass auf dem Deckel des Gefäßes Früchte oder längliche Gegenstände liegen. (53) Bei den länglichen Objekten kann es sich um Zigarren handeln, wie sie dem modernen Mönch in Burma zuweilen gespendet werden. Den Buddha mit Cheroots abzubilden drückt aus, dass man ihn gern als zeitgenössischen Bhikṣu in der Nähe hätte, um ihm großzügige Spenden geben zu können.

23. Das Senfkorngleichnis

Zum Schutz ihrer Buddhaskulpturen gegen Bruchschäden versteiften die älteren burmesischen Kunsthandwerker sehr oft die Hände durch verbindende Stege. Die Verstärkungen haben teils die Form runder Säulen, teils die flacher Brücken. Sinntragende Bedeutung besitzen sie nicht.

Bei feiner ausgeführten Buddhastatuen bestand Bruchgefahr zudem beim Daumen. Man verband deshalb auch Daumen und Zeigefinger durch Stege – in Gestalt von Perlen oder Kugeln. Manche Buddhabronzen weisen sämtliche Arten von Stützstegen auf. (54)

(54)

Die Größe der Stützperle in manchen Fällen (55) und die Tatsache, dass solche Perlen bei sitzenden ebenso wie bei stehenden Buddhafiguren

(55)

vorkommen, (56) ließ die Bekenner fragen, ob die Perlen nicht doch eine ikonographische Bedeutung haben. Eine Antwort fanden sie im Pālikanon im Gleichnis vom Senfkorn (Einleitung zu Thīg 10,63).

Kṛśāgautamī, »die hagere Gautamī«, so wird dort berichtet, kam aus Śrāvastī aus ärmlichen Verhältnissen und heiratete in eine reiche Familie ein, von der sie verächtlich behandelt wurde. Erst als sie einen Sohn geboren hatte, wurde ihr Respekt gezollt. Sobald der Kleine aber laufen konnte, starb er. Verzweifelt, mit dem toten Kind auf der Hüfte, lief Kṛśāgautamī in Śrāvastī umher – auf der Suche nach einer Medizin, die den Leichnam ins Leben zurückbringen könne. Schließlich wurde sie an den Buddha verwiesen.

(56)

Der Meister trug ihr auf, in die Stadt zu gehen und dort Senfkörner zu erbitten, solche jedoch nur an Häusern anzunehmen, in denen noch niemand gestorben war. Kṛśāgautamī gehorchte, aber an jeder Tür, wo sie vorsprach, wurde ihr erklärt, auch in diesem Hause sei der Tod bereits gewesen und habe Mitglieder der Familie dahingerafft. Ohne einen Senfsamen, aber reicher durch die Einsicht, dass der Tod unvermeidlich ist, bestattete Kṛśāgautamī ihren toten Sohn und kehrte zum Buddha zurück. Da nahm – so ergänzt die Volksfrömmigkeit den Textbericht – der Meister ein Senfkorn und hielt es der Kṛśāgautamī als Gleichnis vor Augen. Die Mudrā (falls es eine ist) wird daher in Burma als »Gleichnisgeste« (upamāmudrā) bezeichnet. Wenig später wurde Kṛśāgautamī als Nonne ordiniert und erlangte die Heiligkeit. (Alle abgebildeten Bronzen in Privatbesitz)

57

58

24. Der Buddha in der Geste der Wunschgewährung

Der historische Buddha Gautama verstand sich als ein Lehrer; seine Leistung für Götter und Menschen war die Erkenntnis und Darlegung der Lehre (dharma): Materielle Güter hatte er nicht zu vergeben. Die Geste der Wunschgewährung (varada-) oder des Gebens (dānamudrā), bei der die rechte Hand abwärts gerichtet und nach vorn geöffnet ist, kommt deshalb in der frühesten ikonischen Kunst nicht vor.

Anders wurde das, als man begann, den Buddha als überweltlich (lokottara), als transzendent zu verstehen. Dem Blick des Weltmenschen war er jetzt entzogen, konnte aber dem Frommen, der danach verlangte, seinen Anblick (darśana) gewähren. Diese Gewährung ist es, die durch die Varadamudrā ausgedrückt wird.

Bildnisse des sitzenden Śākyamuni mit der rechten Hand in der Wunschgewährungspose sind rar; häufig hingegen ist die nach unten gerichtete, nach vorn offene Hand bei stehenden Buddhas, vor allem in der Kunst Nepāls und der der Pāla-Dynastie (8.-12. Jh.) im Osten Indiens. Eine Stele aus Kāṭhmaṇḍu (Nepāl) aus dem 6. Jh. n. Chr. (Privatbesitz am Ort) (57) zeigt den Buddha mit den überlangen Armen, wie sie im Pālikanon in der Liste der 32 Kennzeichen eines großen Mannes (D 30,1,2) aufgezählt werden. Die rechte Hand weist in der Wunschgewährungsgeste abwärts, die linke hält einen Zipfel der Mantelrobe, um sie gegen das Herabrutschen in Spannung zu halten.

Leicht abgewandelt ist die Pose einer kleinen Buddhabronze aus Nepāl, die auf einen Typus des 14./15. Jh. zurückgeht (Privatsammlung). (58) Die rechte Hand zeigt die Gewährungsgeste, die linke aber, das Obergewand haltend, ist bis zur Höhe der Schulter eingewinkelt.

Die Gewährungsgeste erscheint auch auf Bildnissen des über eine Leiter oder Treppe vom Himmel herabsteigenden Buddha. Der zur Erde zurückkehrende Śākyamuni ist als Kunstmotiv erstmals auf den Basaltstelen der Pāla-Dynastie (8.-12. Jh.) belegt. Die der Darstellung zugrunde liegende Legende findet sich im Kommentar zum Dhammapada (DhpA Ed. III

p. 224 ff.)[17] Sie zu verstehen setzt eine Vorbemerkung voraus.

Eine Woche nachdem Māyā, die Mutter des späteren Buddha, ihrem Sohn das Leben geschenkt hatte, war sie gestorben und im Himmel der Dreiunddreißig (Götter) in männlicher Gestalt wiedergeboren worden. Um auch ihr und den Göttern die höhere Lehre (abhidharma) zu bringen, stieg der Buddha (kurz nach Vollzug des »Doppelwunders«) zum Himmel auf. Vom Götterkönig Śakra (= Indra) begrüßt, nahm er auf dessen steinernem Thron unter dem Korallenbaum (Erythrina indica) Platz. Drei Monate lang, die ganze Regenzeit hindurch, rezitierte er den Göttern den Abhidharma.

Als die Regenzeit vorüber war, erklärte der Meister dem Götterkönig Śakra, er wolle jetzt zu dem irdischen Ort Sāṅkāśya hinabsteigen, wo er erwartet werde. Śakra ließ darauf eine dreifache Leiter anfertigen: Der mittlere Sprossenstrang bestand aus Edelsteinen und war für den Buddha bestimmt, die beiden äußeren Sprossenstränge bestanden aus Gold und Silber und waren für die Ehrenbegleitung des Buddha gedacht. Die Wiederankunft des Buddha auf der Erde, das ist die Szene, die der tibetische Reispapierdruck wiedergibt.

(59)

(59) Mit der linken Hand formt der Meister die Geste der Lehrdarlegung (vitarka), mit der rechten, abgesenkten Hand die Geste der Wunscherfüllung (varada). Die Kombination der beiden Mudrās bedeutet: »Ich habe den Göttern die Darlegung des Dharma gewährt«. Im Hintergrund stehen die Hindugottheiten, die dem Buddha bei seinem Himmelsabstieg das Geleit gegeben haben: Der viergesichtige Brahma (links) mit dem Yakhaarwedel, der Götterkönig Śakra (rechts) hält den Hoheitsschirm über den Erhabenen, der Gott Viṣṇu bläst das Muschelhorn, das in Asien zu allen feierlichen Anlässen erschallt. Im Vordergrund links hält der Bhikṣu Śāriputra Wasser bereit, um des Meisters Füße zu kühlen; vorne rechts bringt der Bhikṣu Maudgalyāyana eine Schale mit Früchten, damit der Buddha sich erfrischen kann.

25. Der Buddha als Arzt für die Leiden der Welt

Als der historische Buddha seine Lehre in die »vier Wahrheiten« gliederte, folgte er damit der Vorgehensweise der Ärzte. Jeder Arzt diagnostiziert bei seinem Patienten zuerst die Krankheit und ihre Ursache und bestimmt dann Therapie und Arznei. In gleicher Weise analysierte Gautama zuerst das Leiden und seinen Ursprung und benannte dann das Heilverfahren und die Heilmittel. »Ein vollendeter Buddha bin ich, ein Wundarzt ohnegleichen«, erklärte er (Snip 560; Thag 830), »ein Erlöster, der jetzt als Arzt anderen hilft« (A 8,85; Itiv 100), und die Mönche bezeichneten ihn als »Heiler für die Welt« (Thag 722).

(60)

Die Kunst Asiens hat das Thema »der Buddha als Arzt« aufgegriffen. (60) Mit verschränkten Beinen sitzend, hat Gautama die rechte Hand in der Gewährungsgeste (varadamudrā) nach unten und vorn geöffnet und hält mit dem Daumen eine Myrobalane-Nuss (āmalaka, harītakī; Terminalia chebula), aus der ein abführendes Öl gewonnen wird. In der linken, im Schoß ruhenden Hand steht das Almosengefäß – bei einigen Bronzen hat es die Form eines Apothekermörsers. Die tibetische Bronze aus dem 19. Jh. (Privatsammlung) kennzeichnet den Buddha als den Heiler, der für die Wesen der Welt die Medizin zur Erlösung bereithält.

Der gleichen Darstellungsweise folgt eine burmesische Bronze des 18. Jh. (Privatsammlung). (61) Aus dem Almosentopf sprießen Heilpflanzen hervor, die rechte Hand des Buddha hält die Myrobalane-Nuss. Die Hand ist durch einen Steg gegen Bruch abgestützt.

Man könnte erwarten, dass der Buddha seine Mönche ermutigte, ärztlich tätig zu werden, jedoch war das Gegenteil der Fall (D 1,1,27). Der Bhikṣu soll nicht in profaner Arbeit befangen sein (D 16,1,7), denn jegliche Tätigkeit, zumal das ärztliche Wirken, verbindet sich mit der Hoffnung auf Erfolg und erzeugt eine innere Bindung an die Welt. Der Mönch hingegen hat nur eines im Sinn zu haben: seine Erlösung. Nicht alle Bhikṣus hielten sich an des Meisters Weisung und praktizierten trotzdem, wie ein Vers im Pālikanon beklagt (Thag 939).

Der Buddha als Arzt für die Welt hält die Medizin zur Erlösung bereit und versinnbildlicht dies durch die Myrobalane, er behandelt aber nicht selbst. Der Mahāyāna-Buddhismus führte als Hilfe für den Einzelfall den Bodhisattva Bhaiṣajyaguru ein, den »Lehrer der Arzneien«, der gelobt hat, dass er dereinst, zum Buddha geworden, dem behandelnden Arzt die anzuwendende Heilmethode und Arznei einflüstern werde. Der späte Mahāyāna-Buddhismus kennt acht Heil-Bodhisattvas. Vielleicht ist jeder von ihnen spezialisiert auf je eines der acht Teilgebiete der altindischen Medizin.

61

26. Attentate auf den Buddha

Der Buddha war etwa 70 Jahre alt, als sein Vetter und Schwager Devadatta – seit über 30 Jahren Mönch im Buddhaorden – bei einer öffentlichen Lehrrede in Rājagṛha an ihn herantrat und ihm vorschlug, im Hinblick auf sein hohes Alter die Leitung des Ordens in seine, Devadattas, Hände zu legen. Der Buddha lehnte in ungewöhnlich schroffer Form ab[18] – und hatte sich damit einen gefährlichen Feind geschaffen (Cv 7,3,1).

Devadatta machte sich darauf an den Prinzen Ajātaśatru heran, den Sohn des Magadha-Königs Bimbisāra, und flüsterte ihm ein, seinen Vater zu ermorden, um selber die Herrschaft zu übernehmen. Ajātaśatru folgte dem Ratschlag und wurde dadurch König (Mahārāja) von Magadha. Sodann gab er dem Devadatta freie Hand, einen Mordplan gegen den Buddha auszuführen, und stellte ihm zu dem Zweck einige seiner Soldaten zur Verfügung (Cv 7,3,4-6).

Das erste Attentat schlug fehl, weil der Soldat, der den Buddha erschlagen sollte, die Tat nicht über sich brachte; er warf sich vor dem Meister nieder und gestand seine Tötungsabsicht (Cv 7,3,7). Einen zweiten Mordversuch führte Devadatta selber durch, indem er dem Buddha am Aufstieg zum Geiergipfel bei Rājagṛha einen großen Stein entgegenschleuderte; der Buddha wurde nur am Fuß verletzt[19] (Cv 7,3,9). Als drittes Attentat veranlasste Devadatta einige Mahauts (Elefantenlenker) durch Versprechungen, dem Buddha, sobald er in Rājagṛha eine bestimmte Straße entlangkomme, den Elefantenbullen Nālāgiri entgegenrasen zu lassen. Der Pālikanon beschreibt den Angriff sehr anschaulich:

> Der Elefant Nālāgiri sah den Erhabenen von ferne herankommen. Darauf nahm er den Rüssel hoch und stürmte mit aufgestellten Ohren und gestrecktem Schwanz auf den Erhabenen zu. ... Der Erhabene (aber) durchstrahlte den Elefanten Nālāgiri mit Güte (maitrī). So vom Erhabenen mit Güte durchstrahlt, senkte der Elefant Nālāgiri seinen Rüssel, nahte sich dem Erhabenen und stellte sich vor ihn hin. Darauf streichelte der Erhabene des Elefanten Nālāgiri Stirn mit der rechten Hand. ... Da nahm der Elefant mit dem Rüssel von den Füßen des Erhabenen Staub auf, blies ihn sich über den Rücken und trollte sich, rückwärts gehend, den Blick auf den Erhabenen geheftet, ... in seinen Stall. ... So wurde der Elefant Nālāgiri gezähmt. (Cv 7,3,11-12)

Selbstverständlich haben sich die Künstler Asiens der Erzählung bemächtigt und sie in Bilder umgesetzt. Ein Medaillon auf dem Steinzaun des Amarāvatī-Stūpa aus dem 2./3. Jh., (62) das im *Government*

(62)

Museum in Madras (Chennai) aufbewahrt ist, erzählt sie nach Art eines Comicstrip. Links sieht man den tobenden Elefanten, wie er die Stadt Rājagṛha in Angst und Schrecken versetzt, rechts den vom Buddha besänftigten Nālāgiri, der vor dem Meister auf die Knie gegangen ist.

Den letzten Akt des Nālāgiri-Ereignisses hält ein Steinfragment des 2./3. Jh. aus Jamālgaṛhī (Pakistan) fest, das sich heute im *Indian Museum* in Kalkutta befindet. (63) Es zeigt, wie der Buddha liebevoll die Stirn des besänftigten Elefanten berührt und das Tier, rückwärts gehend, sich in seinen Stall zurückzieht.

Die indische Kunst gibt die Nālāgiri-Episode detailliert im Bild wieder, die Kunst Thailands und Kambodjas reduziert sie auf den Kerngehalt und findet für sie ein ikonographisches Kürzel. Eine thailändische Holz-Skulptur des 19. Jh. im *National Museum* in Bangkok zeigt den Buddha in dem Moment, da er den wütenden Elefanten zur Ruhe bringt. (64) Er hat die Unterarme angewinkelt und strahlt dem Tier aus den Handflächen Güte entgegen. Die Doppelgebärde wird deshalb als die Geste der Güte (maitrīmudrā) bezeichnet. Der Buddha ist angstfrei und lächelt. – Abstrahiert von der Nālāgiri-Episode kennzeichnet die Gütegebärde den Buddha als Befrieder von Gier, Hass und Wahn und als Bezähmer der Leidenschaften.

(63)

(64)

27. Der Buddha erreicht das nachtodliche Verlöschen

Der Buddha starb mit 80 Jahren – nach der Berechnung der älteren Indologie um das Jahr 483 v. Chr., nach neuerer, aber nicht durchweg anerkannter Lehrmeinung rund hundert Jahre später.

Schon im Jahr zuvor, als er die Regenzeit bei Vaiśālī zubrachte, war der Buddha sehr krank gewesen, hatte die Krankheit aber, umsorgt von dem treuen Bhikṣu Ānanda, durch Willenskraft besiegt (D 16,2,23). Sobald die vom Regen aufgeweichten Wege wieder begehbar waren, ging er, von Ānanda und anderen Mönchen begleitet, erneut auf die Wanderung. Der Weg führte nach Nordwesten; vermutlich wollte er in Śrāvastī den Tod erwarten.

In Pāvā lud der Schmied Cunda den Buddha und seine Schar für den Folgetag zum Essen ein. Neben anderen Speisen gab es Sūkaramārdava, ein Gericht unbestimmter Art, das dem Buddha zweifelhaft vorkam. Gleichwohl aß er davon, um den wohlmeinenden Schmied nicht zu enttäuschen. Das Ergebnis waren blutiger Durchfall und schneidende Schmerzen. Mit mehreren, teils erzwungenen Unterbrechungen wanderte die Gruppe weiter in Richtung Kuśinagara (D 16,4,13-20), wo Ānanda dem Meister unter einem Śāla-Baum ein Lager bereitete (D 16,5,1). Es gab keinen Zweifel mehr, dass der greise Ordensleiter sich von dieser Stelle nicht mehr erheben werde.

Trotz seiner körperlichen Mattigkeit war dem Buddha die geistige Klarheit erhalten geblieben. Von seinem Lager aus gab er Anweisungen, wie die Mönche sich gegenüber Frauen verhalten sollten und wie mit seinem Leichnam zu verfahren sei, tröstete den weinenden Bhikṣu Ānanda über den vorauszusehenden Abschied, lobte ihn als weise und taktvoll und wies ihn an, sein, des Buddha, bevorstehendes Totalverlöschen (parinirvāṇa) in Kuśinagara anzukündigen, um den Bürgern der Stadt noch einen letzten Besuch bei ihm zu ermöglichen (D 16,5,9-19). Zudem schärfte er dem Ānanda – zur Klarstellung einer älteren Belehrung (in D 16,2,25-26) – ein, dass der Orden keinen neuen Ordensleiter einsetzen, sondern die Lehre als höchste Autorität ansehen solle:

> Ānanda, es könnte euch der Gedanke kommen: 'Mit dem Tode des Meisters ist sein Wort vergangen, wir haben keinen Meister mehr.' Aber so dürft ihr es nicht ansehen, Ānanda. Die Lehre (dharma) und die Ordenszucht (vinaya), die ich euch dargelegt und erläutert habe, die sind nach meinem Tode euer Meister. (D 16,6,1)

Darstellungen des letzte Anweisungen gebenden, sterbenden Buddha zeigen ihn in der »Löwenlage« (D 16,5,1) auf der rechten Körperseite liegend, den Kopf auf den rechten Unterarm aufgestützt. (65) Der linke Arm ist auf dem Körper ausgestreckt, die Füße liegen übereinander. Der Meister hat die Augen geöffnet, denn er ist »besonnen und klaren Geistes«.

(65)

Nach den an Ānanda gerichteten Weisungen gab der Buddha den um ihn versammelten Bhikṣus eine letzte Gelegenheit, ihm Fragen zu stellen, aber die Mönche blieben stumm. Der Pālikanon berichtet:

> Darauf sprach der Erhabene zu den Bhikṣus: 'Wohlan, Mönche, ich beschwöre euch: Die Bestandteile der Person[20] unterliegen dem Zerfall. Strebet unermüdlich!' – Das waren des Vollendeten letzte Worte. (D 16,6,7)

Der Folgetext beschreibt, wie der Buddha verschiedene Stufen zwischen Bewusstsein und Sopor durchlief und von der vierten Meditationsstufe aus das Totalverlöschen (parinirvāṇa) erreichte. Siddhārtha Gautama, der Buddha, war nach 80 Lebens-, davon 45 Wanderjahren, ins »Nirvāṇa nach Ablegung des Körpers«[21] eingetreten.

Wie der lebende Buddha, so ist in buddhistischen Ländern auch sein Leichnam ein Motiv der bildenden Kunst. (66) 14 m misst der ins Parinirvāṇa eingetretene Buddha des Gal Vihāra von Pollonaruwa (Ceylon), der im 12. Jh. aus dem Felsen gemeißelt wurde. Der Verstorbene liegt auf der rechten Körperseite, der Kopf ist auf ein Kissen gebettet, die Augen sind geschlossen. Die rechte Hand hat man ihm unter die rechte Wange geschoben, der linke Arm liegt ausgestreckt auf der Hüfte, die Füße liegen geschlossen. Ob diese Art Leichenbettung eine künstlerische Konvention ist oder der tatsächlichen altindischen Totenetikette entspricht, bleibt als Frage offen.

(66)

(67)

28. Die Einäscherung

Ein Schieferrelief von einem Stūpa des Klosters Loriyān Tangaī (Pakistan) aus dem 3.-5. Jh., heute in der Obhut des *Indian Museum* in Kalkutta, (67) schildert, wie Bhikṣus und Götter über den Tod des Buddha klagen und die Arme in die Luft werfen vor Jammer. Zu den Gefasstesten gehört der Bhikṣu Anuruddha. Er steht zu Häupten des Toten und hält mit dem Yakhaarwedel die Fliegen von ihm fern.

Groß war auch die Trauer der Bürger von Kuśinagara, als der Bhikṣu Ānanda ihnen das Verlöschen des Buddha meldete. Sie kamen mit Räucherwerk, Blumen und Musik und verehrten den Leichnam mit Tanz und Gesang. Sechs Tage lang dauerte die Totenklage (D 16,6,10-13). Am siebten Tage trugen sie den Toten durch Kuśinagara zur Verbrennungsstätte östlich der Stadt, hüllten den Leichnam in (frische) Tücher und bereiteten ihn zur Einäscherung vor (D 16,6,14-18).

Zu jener Zeit befand sich der Bhikṣu Mahākāśyapa mit einer Gruppe von Buddhamönchen auf dem Wege von Pāvā nach Kuśinagara. Als sie im Schatten eines Baumes eine Rast einlegten, kam aus der Gegenrichtung ein Mönch der Ājīvika-Schule auf sie zu. Mahākāśyapa fragte ihn: »Freund, kennst du unseren Lehrer?« – »Gewiss kenne ich ihn«, erwiderte der Ājīvika, »heute ist es acht Tage her, seit der Wandermönch Gautama das Parinirvāṇa erreicht hat.« (D 16,6,19) Das war eine schlimme Nachricht. Eiligst machten Mahākāśyapa und seine Begleiter sich wieder auf den Weg und erreichten die Verbrennungsstätte von Kuśinagara gerade rechtzeitig, um den Scheiterhaufen des Buddha noch unentzündet vorzufinden. Mahākāśyapa raffte sein Obergewand über der linken Schulter, legte die Handflächen zur Verehrungsgeste (añjalimudrā) aneinander und umwandelte den Scheiterhaufen dreimal im Rechtskreis. Dann öffnete er die Leichenhülle[22] am Fußende und neigte sein Haupt zu Füßen des Erhabenen. Als

Wenn die Wesen aufrichtig sind, sanftmütig, nachsichtig und frei von Begierden, dann veranstalte ich eine Versammlung der Jünger und zeige mich (ihnen) auf dem Geiergipfel. (SP 15,6)
Und dann spreche ich so zu ihnen: 'Nicht bin ich hier (für diese Welt) erloschen, Mönche. Das (scheinbare Nirvāṇa) war ein Kunstgriff von mir (um die Wesen innerlich aufzurichten). Wieder und wieder erstehe ich in der Welt der Lebewesen.' (SP 15,7)

Selbstverständlich machten sich auch die Bildhauer Indiens die »doketische« Buddhainterpretation zu Eigen. Zum Ausdruck der Transzendenz des Buddha bildeten sie ihn häufig ab mit einer fünfblättrigen Krone und reichem Schmuck: Śākyamuni als der Souverän über die Zwänge der Welt, der sich aus Mitleid mit den Wesen immer wieder einmal freiwillig auf Erden zeigt, um ihnen den Weg zur Erlösung zu weisen.

Ein Porträt des transzendenten Buddha liefert eine kleine indische Bronze aus dem 11. Jh. n. Chr., die im *State Museum* in Patna aufbewahrt wird. (71) Sie zeigt den bekrönten Śākyamuni in der Mudrā der Erdberührung (bhūmisparśa), die ihn als Künder der Wahrheit ausweist. Die Löwen am Thronsockel bringen seinen Beinamen Śākyasiṃha, der »Löwe aus dem Śākyastamm« in Erinnerung, denn wie der Löwe die kraftvollste Stimme hat unter den Tieren, so hat der Buddha die vernehmlichste Stimme unter den religiösen Lehrern. Über dem Buddha wölbt sich ein Pavillon, darüber ragt ein Hoheitsschirm (chattra), zu dessen Seiten Äste des Pippala-, des Erleuchtungsbaums zu sehen sind, bestimmbar an den herzförmigen Blättern – eine Anspielung auf die vom transzendenten Buddha vorgespielte Erleuchtung des irdisch-historischen Buddha Gautama.

(71)

Der frühe Buddhismus hatte die großen Ereignisse im Leben des Meisters auf vier beziffert und die vier Orte des Geschehens als Pilgerplätze empfohlen: Geburt (Lumbinī), Erleuchtung (Bodhgayā), erste Lehrrede (Sārnāth) und Parinirvāṇa (Kuśinagara) (D 16,5,8; A 4,118). Der spätere Buddhismus erhöhte die Zahl der großen Ereignisse (und Pilgerorte) auf acht und stellt sie oft als Randkartuschen zu Buddhabildnissen dar. Zuweilen werden Episoden gegen andere ausgetauscht oder ihre Anordnung auf den Stelen verändert. Der zentrale Buddha kann ohne oder mit Krone dargestellt werden.

Ohne Krone zeigt ihn eine Stele aus dem Kloster Nālandā, die heute im Berliner *Museum für Indische Kunst* zu sehen ist. (72) Der zentrale Buddha ist in der Erdberührungspose wiedergegeben, die seinen Sieg über den Versucher Māra und ihn selbst als Künder der Wahrheit dokumentiert. Die Randkartuschen, beginnend links unten, stellen dar

– die Geburt Siddhārthas, des späteren Buddha, aus der rechten Hüfte seiner Mutter Māyā (Geschehensort: Lumbinī).
– die Herabkunft des Buddha aus dem Himmel der dreiunddreißig (Götter), nachdem er seiner dort wiedergeborenen Mutter und den Göttern die Lehre gebracht hat (Ort: Sāṅkāśya).
– die erste Lehrrede des Buddha, mit der er das Rad der Lehre in Gang setzte (Ort: Sārnāth); das Rad ist am Lotosthron angedeutet.
– das nachtodliche Nirvāṇa (parinirvāṇa) des Meisters (Ort: Kuśinagara); zu Füßen des aufgebahrten Toten kniet verehrend der Bhikṣu Mahākāśyapa.
– das Bekehrungswunder. In einer Diskussion zwischen dem Buddha und andersgläubigen Schulhäuptern umriss der Buddha dem Auditorium seine Lehre und wird (wie bei der ersten Lehrrede in Sārnāth bei Benares) in der Geste der Radandrehung (cakrapravartaṇamudrā) abgebildet. Ein Zuhörer, von den Argumenten überwältigt, kauert erschöpft vor dem Lotossitz des Meisters (Ort: Śrāvastī).
– die Besänftigung des von Devadatta gegen den Buddha gehetzten Elefanten Nālāgiri (Ort: Rājagṛha). Der gezähmte Elefant ist in der Kartusche links unten gezeigt.
– die Honiggabe (nach DhpA Ed. I p. 50). Eine Affe, unterhalb des Lotossockels hockend, hat dem Buddha, der in europäischer Weise sitzt, eine Honigwabe in den Almosentopf gelegt (Ort: Vaiśālī).
– der Schlangenkönig vom Mucilinda-Baum überwölbt den jungen Buddha mit seiner

(72)

gespreizten Halshaut, um ihn vor dem Gewitter und der Kälte zu schützen (Ort: Bodhgayā).

Die beiden zu Seiten des Mucilinda-Buddha in lockerer Pose sitzenden Gestalten sind die transzendenten Bodhisattvas Padmapāṇi und Vajrapāṇi und belegen, dass die Reliefstele von einem Mahāyāna-Bekenner in Auftrag gegeben wurde. Die Inschrift in Devanāgarī-Lettern ist das berühmte buddhistische Credo:

> Wie Dinge, die bedingt entstanden,
> den Ursprung (ihres Werdens) fanden,
> und wie man den vernichten kann:
> Das hat der Meister dargetan. (Mv 1,23,5)

Die beschriebene Berliner Stele stellt den Buddha ohne Krone, also den *irdischen* Buddha Gautama und acht Ereignisse in seinem Leben dar. Eine analoge Stele des 10./11. Jh. im *Museum of Fine Arts* in Boston zeigt den Buddha *mit* Krone, (73) d. h. den *transzendenten* Buddha: Die um ihn herum dargestellten Ereignisse sind demnach als seine Geistschöpfungen zu verstehen, die er zur Erziehung der Menschen auf die Erde projiziert hat. Bis auf die Seitenvertauschung einer Randkartusche und den Ersatz des Mucilinda durch die Erdgöttin am Sockel sind beide Stelen gleich. Die Erdgöttin hebt zur Bestätigung von Gautamas Erlösungsanrecht ein Wassergefäß empor. Damit beschwört sie Varuṇa, den altindischen Gott der Wässer, denn er ist der Hüter der Weltharmonie und des Eides und bestraft den Lügner mit Wassersucht (Ṛv 7,89,1-4).

Und wer ist der geschmückte junge Mann rechts neben der Erdgöttin? – Es ist der Versucher Māra, der zwar nichts gegen den Buddha ausrichten konnte, aber keineswegs für immer besiegt und vernichtet ist. Sein Stolz ist ungebrochen, denn bei den Weltmenschen hat er ein fruchtbares Betätigungsfeld und kann jeden Tag neue Erfolge feiern.

(73)

Bei *stehenden* Wiedergaben des gekrönten, d. h. transzendenten Buddha ist die häufigste Geste die der Ermutigung (abhayamudrā); die linke Hand hält den Zipfel der Mönchsrobe. Eine indische Stele des 11. Jh. n. Chr., (74) heute im *Asian Art Museum* in San Francisco, umgibt den transzendenten Buddha Śākyamuni mit vier Randkartuschen; vielleicht symbolisieren sie die Pilgerorte, die die beiden links unten abgebildeten Stifterinnen besucht haben. Die Kartuschen stellen dar:

- die Herabkunft des Buddha aus dem Himmel der Dreiunddreißig (Götter) in Sāṅkāśya;
- die Erleuchtung des Buddha mit der Erdgöttin als Zeugin (Ort: Bodhgayā);
- die Spende von Honig durch den Affen (Ort: Vaiśālī); und
- die Besänftigung des rasenden Elefanten Nālāgiri (Ort: Rājagṛha).

Man bemerkt, dass auch die Buddhas der Randkartuschen gekrönt sind, also als transzendent charakterisiert werden. Sie sind pädagogische Materialisationen des wesenhaft jenseitigen Buddha.

Vor allem die Bekenner des Mahāyāna-Buddhismus waren es, die den transzendenten Buddha Śākyamuni höher schätzten als den irdisch-historischen Buddha Gautama. Einige Klöster in Indien und Tibet kamen der Vorliebe der Frommen entgegen, indem sie bereits existenten Skulpturen des Gautama nachträglich Kronen aufsetzten, um sie dadurch von irdischen Nirmāṇakāya-Buddhas zu transzendenten Sambhogakāya-Buddhas aufzustufen. Der bekannteste Fall dieser Art ist das zentrale Kultbild im Stadttempel (Jokhang) von Lhasa. Als die chinesische Prinzessin Wengchen im 7. Jh. n. Chr. neben anderen Damen die Gattin des tibetischen Königs Songtsen Gampo (614-649) wurde, brachte sie in ihrer Mitgift eine Bronzestatue des Buddha Gautama mit nach Lhasa, die man zuerst im Ramoche-Tempel, später im Jokhang aufstellte. Anfang des 15. Jh., unter dem großen tibetischen Reformator Tsongkhapa (1357-1419), genügte diese Darstellung des historischen Buddha nicht mehr den Erwartungen der Gläubigen: Die Statue wurde mit einer fünfblättrigen Krone versehen und so transzendiert. Der transzendente Jovo Śākyamuni, »der Edle Herr Śākyamuni«, ist das heiligste Kultbild Tibets.[26]

(74)

II.
Die Buddhas der Vorzeit und der Buddha der Zukunft

31. Die Buddhas der Zeiten

Trotz seines Hochgefühls, sich als Erleuchteter von den Zeitgenossen abzuheben, war der historische Buddha Gautama überzeugt, nicht einmalig zu sein: Schon vor ihm, so erklärte er, habe es vollkommene Buddhas gegeben. Wenn ein Mann die Waldwildnis durchstreift und plötzlich eine überwachsene Straße findet, die zu einer vergessenen Stadt mit Gärten und Teichen führt – genau wie dieser Mann habe er mit seiner Lehre eine von den Buddhas früherer Zeiten begangene Straße wieder entdeckt. In allen Einzelheiten sei seine Lehre mit dem von früheren Buddhas aufgezeigten Wege identisch (S 12,65,19 u. 22).

Die Vielzahl von Buddhas und die inhaltliche Identität ihrer Lehre betont auch das (mahāyānische) Lotos-Sūtra:

> Irgendwann, irgendwo, irgendwie in der Welt treten Übermenschen ins Dasein. Wenn sie, deren Augen ins Unendliche reichen, dann in der Welt erstanden sind, offenbaren sie eines Tages (alle) die gleiche Lehre. (SP 2,135)

Der Pālikanon nennt sechs Buddhas, die dem historischen Gautama vorangegangen seien; drei von ihnen lebten in lange zurückliegenden Weltzeitaltern, drei weitere gehören dem gegenwärtigen Zeitalter an. Der historische Gautama war der vierte Buddha unserer Epoche (D 14,1,4), ein fünfter Buddha wird in Zukunft erscheinen (D 26,25). Gesegnet mit fünf Erleuchteten, ist unsere Weltperiode ein glückliches Zeitalter.

Buddhas vergangener Zeitalter waren
(1) Vipaśyin, (2) Śikhin und (3) Viśvabhuj.

Buddhas unseres Zeitalters waren bzw. werden sein
(1) Krakucchanda, (2) Kanakamuni, (3) Kāśyapa, (4) Gautama und (5) der Zukunftsbuddha Maitreya.

Das Pālibuch Buddhavaṃsa, »die Genealogie der Buddhas« (ca. 3. Jh. n. Chr.), verlängert die Liste der Vorzeitbuddhas und zählt 25 Buddhas der Vergangenheit auf; die Liste beginnt mit dem Buddha Dīpaṅkara, dem »Lichtmacher«, und endet mit dem geschichtlichen Gautama. Einige alte Reliefs stellen die 25 Buddhas nebeneinander dar. Alle entsprechen demselben Typus und sind nur zu identifizieren, weil sie unter ihren Erleuchtungsbäumen mit den jeweils kennzeichnenden Blättern abgebildet sind, denn jeder Buddha erlebte sein geistiges Erwachen (bodhi) unter einer anderen Baumart. Zu den jüngsten sieben Buddhas benennt der Pālikanon (in D 14,1,8) die folgenden Bodhi-Bäume:

- Vipaśyin wurde erleuchtet unter einem Pāṭali (Bignonia suaveolens);
- Śikhin unter einem Puṇḍarīka-Mangobaum (Mangifera indica);
- Viśvabhuj unter einem Śāla (Shorea robusta);
- Krakucchanda unter einem Śirīsa (Acacia sirisa);
- Kanakamuni unter einem Udumbara (Ficus glomerata),
- Kāśyapa unter einem Nyagrodha (Ficus indica) und
- Gautama unter einem Aśvattha (= Pippala) (Ficus religiosa).

Es gibt eine Vielzahl von Buddhas; dennoch: Der Frühbuddhismus ist überzeugt, dass niemals zwei Buddhas zu gleicher Zeit in der Welt erscheinen. So erklärt der Buddha dem Bhikṣu Ānanda:

> Unmöglich ist es und ausgeschlossen, dass zwei heilige Vollerleuchtete (Buddhas) gleichzeitig in einem einzigen Weltsystem erstehen sollten. Diesen Fall gibt es nicht. (M 115,14 ≈ D 19,14 ≈ A 1,25 ≈ Mvu Ed. III p. 199)

Buddhas treten nur nacheinander und in größeren Abständen auf: Sie sind *Buddhas der Zeiten*. Erst der Mahāyāna-Buddhismus führte auch zeitgleich existente Buddhas ein, nämlich Buddhas der Weltquartiere.

Wurden und werden alle 25 Buddhas der Vergangenheit verehrt? – Keineswegs. Die meisten haben im Denken der Frommen nie Bedeutung gewonnen, andere werden nur gelegentlich und beiläufig erwähnt. Von Bedeutung indes sind außer dem Buddha Gautama der erste Buddha aller Zeiten, der »Lichtmacher« Dīpaṅkara, und der in der Zukunft erwartete Buddha Maitreya, »der Gütige«. In tibetischen Tempeln werden Dīpaṅkara, Gautama und Maitreya oft zu einer Dreiergruppe zusammengestellt und als »die Buddhas der drei Zeiten« verehrt.

32. Der erste Buddha in der Welt: Dīpaṅkara

Dem Buddha Dīpaṅkara, dem »Lichtmacher«, sind Buddhisten aus zwei Gründen dankbar – zum einen, weil er vor vielen Weltzeitaltern als erster Buddha die Leuchte (dīpa) der Lehre in der Welt entzündet hat, zum andern, weil er durch sein Vorbild den Brahmanen Sumedha bewog, seinerseits die Buddhaschaft anzustreben, um dereinst – d. h. im gegenwärtigen Zeitalter – als der Buddha Gautama die Lehre erneut darzulegen.

Eine tibetische Bronze des 17.-19. Jh., heute im *Museum für Ostasiatische Kunst* in Köln, (75) zeigt den Buddha Dīpaṅkara mit einer Handgeste, die vermutlich das Entzünden des Dharma-Lichtes andeutet: Die zu denkende kleine Öllampe steht in Dīpaṅkaras linker Hand, mit der rechten Hand entzündet er sie. Ältere Autoren haben die beidhändige Geste als die des Ingangsetzens des Dharma-Rades interpretiert, was zwar der Rolle des Dīpaṅkara als erster Lehroffenbarer entspricht, jedoch weicht die Mudrā von der traditionellen Radandrehungsgeste ab.

(75)

Die Begegnung des Buddha Dīpaṅkara mit dem Brahmanen Sumedha wird erzählt in zwei Pālibüchern (Bv 2; Nk 1) und im Mahāvastu (Ed. I p. 232 ff.). Vor vielen Weltzeitaltern, so die Pāliquellen, gab es in der Stadt Amara einen reichen Brahmanen namens Sumedha. Von der Welt angewidert, war Sumedha Asket geworden, hatte sich in eine Einsiedelei am Himālaya zurückgezogen und lebte dort von wilden Früchten. Als er hörte, dass der Buddha Dīpaṅkara in der Welt erschienen sei und die Leute schon die Straße fegten, auf der dieser Buddha in die Gegend kommen werde, begab sich auch Sumedha hinaus, um bei der Straßenreinigung zu helfen. Aber ehe er seinen Straßenabschnitt in Ordnung gebracht hatte, war Dīpaṅkara schon herangekommen. Da löste Sumedha seine Haarflechten, warf sich auf die Erde, breitete sein langes Asketenhaar über den Straßenschmutz und bot so dem Buddha Dīpaṅkara einen sauberen Weg. Dīpaṅkara, als Buddha in der Lage

(76)

Gedanken zu lesen, hielt darauf bei Sumedha an und erklärte der umstehenden Menge, dieser Asket werde nach vielen Weltzeitaltern ein Buddha werden. Er werde in der Stadt Kapilavastu als Sohn des Rāja Śuddhodana und seiner Gemahlin Māyā zur Welt kommen und Gautama heißen. – Dies ist die Szene, die auf einem Stuckrelief des 7. Jh. n. Chr. am Stūpa 3 in Nālandā wiedergegeben ist. (76)

Die Erzählung berichtet weiter, Sumedha habe sofort begonnen, die Tugendvollkommenheiten (pāramitā) zu entwickeln, die zur Buddhaschaft führen. Viele Zeitalter später erschien er auf der Erde als Siddhārtha Gautama, der Buddha unserer Epoche.

Das Mahāvastu (Ed. I p. 232 ff.) reichert die Legende mit Episoden an, die ebenfalls Niederschlag in der bildenden Kunst gefunden haben, so auf einer Gandhāra-Stele im *National Museum* in Kabul. (77) Der Asket Sumedha (im Mvu Megha genannt) ist aus seiner Einsiedelei am Himālaya in die Stadt Dīpavati gekommen, die er festlich geschmückt vorfindet. Von einer jungen Frau, die ein paar Lotosblumen in der Hand hält, erfährt er, dass der Buddha Dīpaṅkara auf dem Wege ist, die Stadt Dīpavati zu besuchen. Sumedha kauft der Frau fünf Lotosse ab und stellt sich, mit seinem Strauß in der Rechten, am Straßenrand auf, um den Buddha willkommen zu heißen (linker Bildrand).

(77)

Als der Buddha heranschreitet, unterwürfig begrüßt von den Hindugöttern Śakra (o. l.) und Brahma (o. r.), werfen alle Leute ihm Blumen zu. Die Blütenkelche nach unten, bleiben sie wie ein Hoheitsschirm über dem Erhabenen in der Luft schweben – die fünf Lotosse des Sumedha sind Dīpaṅkaras Haupt am nächsten (o. m.). Überwältigt von dem guten Omen und der Persönlichkeit des Erwachten, wirft Sumedha sich vor Dīpaṅkara auf den Boden, breitet sein langes Haar über den Straßenstaub und schützt die Sohlen des Erhabenen vor dem Schmutz. Zugleich fasst er den Entschluss, selber ein Buddha zu werden. Dīpaṅkara, der »Lichtmacher« – die Stele verdeutlicht sein Leuchten durch Flammen, die ihm aus den Schultern schlagen – weiß sofort, dass dieser junge Mann dereinst das Ziel der Buddhaschaft erreichen wird: In einer vorausschauenden Vision erkennt er ihn bereits als den reich geschmückten Bodhisattva, den Sohn des Rāja Śuddhodana (r. u.).

Abweichend von den klassischen Vorbildern stellen die Buddhisten in Nepāl den Vorzeitbuddha Dīpaṅkara dar. Eine Bronze des 17. Jh. im *Nepāl Museum* in Kāṭhmaṇḍu bildet ihn ab mit der rechten Hand in der Ermutigungsgeste (abhayamudrā); er trägt die fünfzackige Krone und den Schmuck eines transzendenten Buddha, zudem die Kleidung eines Himmelswesens, (78) hat aber die rechte Schulter frei wie ein Bhikṣu. Alle paar Jahre widmen die Nepālesen ihm ein Fest, bei dem nicht nur alle vorhandenen Dīpaṅkara-Bildnisse geschmückt und illuminiert werden – es werden auch Dīpaṅkara-Standbilder zusammengesetzt. Ein aus Messing gegossener, hell polierter Kopf und die ebenfalls messingnen Hände des Vorzeitbuddha werden auf ein Holzgestell aufgesteckt und der Körper und die Arme des Buddha durch Kissen und drapierte Tücher imitiert.

(78)

33. Der Buddha der Zukunft: Maitreya

Als Nachfolger des Buddha Gautama und letzter Buddha unseres Weltzeitalters wird der Buddha Maitreya, »der Gütige«, in der Welt erscheinen. Bis zu seinem Erdenauftritt wird allerdings lange Zeit vergehen; gegenwärtig ist Maitreya noch Bodhisattva – d. h. ein Buddha in spe – und wartet unter dem Namen Nātha im Tuṣita-Himmel auf den rechten Zeitpunkt. Der Pālikanon (D 26,23-25) teilt mit, Maitreya komme auf die Erde, wenn die Menschen eine Lebenserwartung von 80.000 Jahren erreicht haben, wenn Indien blüht und gedeiht, seine Dörfer und Städte dicht beieinander liegen und das heutige Benares (Vārāṇasī) unter dem Namen Ketumatī die Residenzstadt des gerechten Königs Śaṅkha ist. Zur Buddhaschaft erwacht, werde Maitreya den Dharma und den reinen Wandel predigen und einen Orden von vielen Tausend Mönchen leiten, genau wie Gautama in unserer Zeit gelehrt und einen Orden von vielen Hundert Mönchen geleitet habe.

(79)

Große Maitreya-Begeisterung brach aus im 2. Jh. n. Chr., als der Zukunftsbuddha im Mahāyāna-Buddhismus zum Ziel eschatologischer Hoffnung wurde. Im Sanskritoriginal sind nur wenige speziell dem Maitreya gewidmete Werke erhalten geblieben (Āv, Div und Gv), mehr hat sich in außerindischen Sprachen bewahrt. Parallel zur Entstehung von Schriftdokumenten zum Maitreya-Thema verlief die Entstehung von Maitreya-Bildnissen. Anfänglich wurde Maitreya nur als im Tuṣita-Himmel wartender *Bodhisattva* abgebildet; später fanden die Auftraggeber von Skulpturen den Mut, auch ihre Zukunftsvision vom *Buddha* Maitreya in Stein schlagen zu lassen.

Eine gräkobuddhistische Statue des 3. Jh. n. Chr. aus dem Gebiet von Gandhāra, (79) heute im *Staatlichen Museum für Völkerkunde* in München, zeigt den Bodhisattva Maitreya stehend; die rechte, leider weggebrochene Hand war in der Ermutigungsgeste (abhayamudrā) nach vorn offen erhoben, die linke Hand hält die Flasche (kalaśa, ghaṭa) mit dem Nektar (amṛta) der Todlosigkeit[27] des Nirvāṇa. In der Gandhāra-Kunst ist die Nektarflasche Maitreyas einziges Erkennungsattribut. In ferner Zukunft, wenn Maitreya auf Erden erschienen und zur

Buddhaschaft erwacht ist, wird er den nirvāṇischen Nektar über der Menschheit ausgießen.

Nicht eindeutig zu beantworten ist die Frage, warum die Kunst von Gandhāra den Bodhisattva Maitreya stets in fürstlichem Gewand und mit Goldschmuck porträtiert. Denkbar wäre, dass man den Bodhisattva Maitreya nicht weniger prachtvoll erscheinen lassen wollte als den ehemaligen Bodhisattva Gautama, der ja der Sohn eines regierenden Rāja war. Denkbar wäre aber auch, dass die Kaiser der Kuṣāṇa-Dynastie, in deren Zeit und Herrschaftsgebiet die ältesten Skulpturen des Bodhisattva Maitreya entstanden, sich selbst dem Volk als Bodhisattvas propagierten, und dass die Bildhauer, indem sie dem Maitreya Prachtkleidung anlegten, demonstrieren wollten, wie sehr der Kaiser dem Typ eines Bodhisattva entsprach.

Wie verbringt der Bodhisattva Maitreya im Tuṣita-Himmel seine Zeit? – Das Bruchstück eines Gandhāra-Reliefs aus dem 2./3. Jh. n. Chr., (80) bewahrt im *Staatlichen Museum für Völkerkunde* in München, verrät es: Er belehrt die Götter und die im Himmel wiedergeborenen Wesen. Die rechte Hand in der Darlegungs-(vitarka-)Mudrā erhoben, in der linken Hand die Flasche mit dem Amṛta der Todlosigkeit, diskutiert der Bodhisattva mit zwei Personen. Der rechts von ihm sitzende, an seinem Nimbus als Gott erkennbare Mann lauscht gespannt, der links von Maitreya sitzende Mann wartet auf eine Chance, ein Argument oder eine Frage vorzubringen. Die Gestalten im Hintergrund sind Adoranten.

(80)

(81)

Stärker bevölkert ist der Tuṣita-Himmel auf einem Gandhāra-Relief des 3. Jh. n. Chr. im *Museum für Indische Kunst* in Berlin. (81) Der Bodhisattva, der in lockerer Pose mit gekreuzten Unterschenkeln auf einem Thron oder Sessel sitzt, ist im Vordergrund umgeben von sechs Personen, darunter ein buddhistischer Mönch. Wahrscheinlich sind es die Stifter des Reliefs mit ihrem geistlichen Mentor, die sich in ihrer Zukunftshoffnung darstellen ließen. In den Jahrhunderten der lebenden Gandhāra-Kunst war es die Sehnsucht vieler Menschen, nach dem Tode in die Gemeinschaft mit dem Bodhisattva Maitreya im Tuṣita-Himmel wiedergeboren zu werden, um dereinst, zusammen mit ihm, in die Welt zurückzukehren und ihn als *Buddha* zu erleben.

(82)

Die Kunst von Gandhāra verwendete zur Identifikation des Bodhisattva Maitreya allein das Attribut der Amṛta-Flasche; jüngere Kunstepochen entwickelten weitere Beigaben. Die bei Gayā gefundene, aus dem 12. Jh. stammende Maitreya-Skulptur im *State Museum* in Patna (82) präsentiert den Bodhisattva in legerer Pose (līlāsana) auf einem flachen Kissen. Die rechte Hand mit dem Rad der Lehre in der Handfläche hält er in der Ermutigungsgeste (abhayamudrā) vor der Brust, die linke Hand ist hinter dem linken Knie auf den Boden gestützt. Zwei Attribute machen den Dargestellten als Maitreya bestimmbar: der Blütenzweig an seiner Seite und der Stūpa in seiner hochgesteckten Frisur. Der Blütenzweig verweist auf den Baum, unter dem der künftig auf Erden wiedergeborene Bodhisattva die Erleuchtung (bodhi) zum Buddha verwirklichen wird. Es handelt sich um den im April/Mai weiß blühenden Nāgakesara-Baum (Mesua ferrea). Der Stūpa in Maitreyas Haar bezieht sich auf eine Weissagungslegende, die den Zukunftsbuddha als legitimen Nachfolger des Buddha Gautama beglaubigen soll. Von ihr wird weiter unten die Rede sein.

Die Lebensumstände, in die der Bodhisattva Maitreya in unserer Welt hineingeboren wird, um ein Buddha zu werden, sind beschrieben in der »Weissagung über den edlen Maitreya« (Āryamaitreyavyākaraṇa),[28] einem kleinen Sanskrittext des 3. Jh. n. Chr. Dieser Schrift zufolge wird Maitreya in der Brahmanenkaste als Sohn des Subrāhmana und seiner Gemahlin Brahmavatī in Ketumatī (Benares) zur Welt kommen und den Vornamen Ajita erhalten. Durch eine Erfahrung der Vergänglichkeit veranlasst, wird er das Weltleben aufgeben, mit großem Gefolge in die Heimatlosigkeit ziehen und wenig später unter einem Nāgakesara-Baum die Erleuchtung zur Buddhaschaft erlangen. Nachdem sie eine Predigt des jungen Buddha gehört haben, werden auch König Śaṅkha von Benares und die Königin in die Hauslosigkeit hinauswandern, ebenso Maitreyas Vater. 60.000 Jahre wird der Buddha Maitreya die Lehre darlegen und Scharen von Göttern und Menschen zur Erlösung bringen; dann wird er ins Totalverlöschen (parinirvāṇa) eingehen.

Das Buch der »Glänzenden Taten« (Divyāvadāna) – eine zwischen Hīna- und Mahāyāna stehende Sanskritkompilation vielleicht des 1. Jh. n. Chr., – des Weiteren die khotanesische Maitreyasamiti und das chinesische Maitreyasūtra, sie alle enthalten (in variierenden Fassungen) eine Legende, die Maitreya, als legitimen Lehrfortsetzer des verloschenen Buddha Gautama Śākyamuni ausweist und zugleich die Bedeutung des Stūpa in Maitreyas Haar erklärt. Kurz nach Erreichung der Buddhaschaft, so heißt es (Div 3,5),[29] werde sich Maitreya mit Gefolge zum Kukkuṭapādaberg (oder Gurupādakaberg, 25 km östlich von Gayā) begeben, in dessen Innerem der Gautama-Jünger Mahākāśyapa, in Meditation versunken, auf ihn wartet: eingehüllt in die alte Mönchsrobe des Buddha Gautama, die er, Kāśyapa – wie der Pālikanon (in S 16,11,24-30) überliefert – einst von Gautama erhalten hatte. Sobald der junge Buddha Maitreya sich dem Kukkuṭapādaberg nähert, wird der Berg sich auftun, Kāśyapa wird aus der Meditation erwachen und dem neuen Buddha Maitreya die abgeschabte Mönchsrobe des verloschenen Buddha Gautama übergeben. Nachdem Maitreya sie angelegt hat, wird Kāśyapas Körper zu Asche zerfallen. – Das Gewand ist hier das Sinnbild der echten Buddhatradition. Der Stūpa im Haarschopf des Maitreya enthält die Asche des Buddhajüngers Mahākāśyapa, der die geheiligte Mönchskutte des Buddha Gautama für den Nachfolgebuddha Maitreya bewahrte.

(83)

Alle soweit beschriebenen Maitreyabildnisse stellen den *Bodhisattva* Maitreya dar, der sich für seinen Weltauftritt bereithält; Zukunftsprojektionen, die den Maitreya bereits als *Buddha* abbilden, sind seltener und beschränken sich auf Kashmir, Tibet, die Mongolei und China.

Eine mongolische Silberstatuette des 18. Jh., (83) ein Stück aus der *Sammlung Neumärker*, stellt Maitreya als *Buddha* dar, gibt ihm aber europäische Sitzweise und deutet damit an, dass der Thron vorerst nur geliehen ist und Maitreya sich auf ihm noch nicht zu Hause fühlen darf. Mit den Händen formt er die Mudrā des Ingangsetzens des Dharma-Rades (dharmacakrapravartanamudrā), denn zur Neuverkündung der Lehre ist er in die Welt gekommen; ein Rad ist auch auf der Schärpe zu erkennen, die von seinem Gürtel herabhängt. Die die Radandrehung vollziehenden Hände halten zugleich Lotosstängel, die sich neben Maitreya nach oben schwingen und in Kopfhöhe des »Buddha« das Nektarkännchen und noch einmal das Dharma-Rad tragen. Der Stūpa in Maitreyas Haarknoten hat die typisch mongolische Form. Der »Buddha« Maitreya lächelt, denn er hat Göttern und Menschen heilsame Botschaft zu verkünden.

(84)

Völlig ohne Vorbehalte und wie eine historische Tatsache bildet eine tibetische Zeichnung den Buddha Maitreya ab. (84) Er hat den Schädelauswuchs (uṣṇīṣa), der nur einem Buddha zusteht, trägt Mönchskleidung und sitzt in der Lotospose (padmāsana). Vor der Schädelerhebung steht der Stūpa, der den Buddha Maitreya als Neuoffenbarer der echten Gautama-Lehre kenntlich macht. Die rechte Hand hat er in der Darlegungsgeste erhoben, in der linken Hand steht das Kännchen (kamaṇḍalu), das den für die Menschheit bestimmten Nektar (amṛta) der Todlosigkeit (= Nirvāṇa) enthält.

34. Drei Stufen der Wirklichkeit: das Drei-Körper-System

Der historische Buddha hatte die Welt als einen dynamischen Prozess erkannt, in dem alles bedingt ist und dieses Bedingte dann zur Ursache weiterer Wirkungen wird: Es ist dieses »Entstehen in Abhängigkeit« (pratītyasamutpāda), das wir »Leben« nennen. Ein Absolutes, eine dauerhafte, tragende Substanz, einen Kern in oder hinter diesem Prozess gibt es nicht. Wie die Welt, so ist auch der Mensch, ja sind alle Wesen »bar einer (ewigen) Seele« (anātma), also leer (śūnya).

Der Mahāyāna-Buddhismus substantiviert das Adjektiv »leer« und spricht von »Leer*heit*« (śūnyatā). Wenn die Natur aller Dinge und Wesen in ihrer Leerheit besteht, so folgert er, dann ist eben sie, die Leerheit, das Absolute (tattva). Die Leerheit ist der »Körper der Wahrheit« (dharmakāya), an dem alle Wesen teilhaben: die Erleuchteten und Erlösten bewusst, die Unerlösten unbewusst. Im Laṅkāvatārasūtra (4./5. Jh.) fragt der Bodhisattva Mahāmati den transzendenten Buddha nach der Bedeutung seiner Äußerung: »Ich bin alle Buddhas der Vergangenheit.« Der Buddha erwidert:

> (Einst, jeweils) zu ihrer Zeit, war ich (die Vorzeitbuddhas) Krakucchanda und Kanakamuni und Kāśyapa. ... Ich und die (anderen) Vollendeten, Heiligen, Vollkommenen Buddhas sind durch den Dharmakāya ... identisch. Die Vollendeten sind unverschieden, außer dass sie sich zum Zwecke der Disziplinierung der durch ihr Lebensmilieu verschiedenen Wesen in verschiedener Gestalt zeigen. (LS 3 Ed. p. 141 f.)

Der Dharmakāya ist die allen Buddhas gemeinsame absolute Wahrheit und Wirklichkeit.

Der Versuch, den Dharmakāya mit Worten zu schildern, ist von vornherein zum Scheitern verurteilt. Der Dharmakāya ist ohne Kennzeichen, die seine Beschreibung ermöglichen würden, ja er ist nicht einmal durch Negationen anzudeuten. Denn dieses Verfahren müsste ihn zu dem Negierten in den Kontrast stellen und ihn somit als Pol einer Bipolarität auffassen. Der Dharmakāya ist jedoch die absolute Wirklichkeit und Buddhaheit, die alles durchzieht und umschließt und neben der keine andere Wirklichkeit existiert.

Es war unvermeidlich, dass irgendwann in der Geschichte des Buddhismus die Überlieferung vom irdisch-historischen Buddha, die Auffassung vom überirdisch-transzendenten Buddha und das absolute Prinzip der Buddhaheit harmonisiert werden mussten. Dies geschah durch das Drei-Körper-(trikāya-)System, das eine Stufenordnung der Wirklichkeiten aufstellt. In Umkehrung der landläufigen Meinung, die den höchsten Realitätsgrad dem historischen Buddha zuerkennt, sieht das Drei-Körper-System als höchste Wirklichkeit den Dharmakāya an. Die Stufen-Ordnung des Systems ist

Dharmakāya, das Absolute = Buddhaprinzip
Sambhogakāya, der Körper der transzendenten Buddhas
Nirmāṇakāya, der Körper der sichtbaren, irdischen Buddhas.

Historisch entwickelte sich das System von unten nach oben, hierarchisch verläuft es von oben nach unten. Später wurden die drei Ebenen mit individuellen Buddhas der verschiedenen Realitätsgrade bevölkert.

III.
Die Buddhas der Weltquartiere

35. Das Maṇḍala der Buddhas der Weltquartiere

Alle auf der Erde erschienenen Buddhas sind *Buddhas der Zeiten*. Sie kommen zur Welt, gelangen zur Erleuchtung, offenbaren den Menschen ihrer Epoche die Lehre (dharma) und gehen ins nachtodliche Verlöschen (parinirvāṇa) ein. Buddhas, das war die Überzeugung der Frühbuddhisten, treten *nacheinander* in Erscheinung, niemals agieren zwei Buddhas zu gleicher Zeit. »Es ist unmöglich, ... dass in einer und derselben Weltsphäre gleichzeitig zwei ... Vollkommene Buddhas erstehen«, erklärte der Buddha dem Bhikṣu Ānanda (M 115,14 ≈ D 19,14 ≈ A 1,25 ≈ Mvu Ed. III p. 199).

Die Mahāyāna-Buddhisten empfanden die Unmöglichkeit des gleichzeitigen Auftretens von Buddhas als Mangel und schafften sie durch Wortklauberei aus der Welt. Das dem Mönchsphilosophen Nāgārjuna (2. Jh. n. Chr.) zwar zugeschriebene, aber wohl erst im 4. Jh. entstandene, nur in chinesischer Übersetzung erhaltene »Große Lehrbuch der Transzendenten Weisheit« (Mahāprajñāpāramitāśāstra) umreißt die Argumente:

> *Hīnayānin*: Der Buddha hat erklärt: 'In einem und demselben Weltsystem können nicht gleichzeitig zwei Buddhas erstehen, (wie ja auch) zur gleichen Zeit nicht zwei Weltherrscher existieren können.' Daher ist es unrichtig zu behaupten, dass es gegenwärtig außer (dem Buddha Gautama) Śākyamuni noch andere Buddhas gebe.
>
> *Mahāyānin*: Das sind in der Tat Worte des Buddha, aber du verstehst nicht ihre Bedeutung. Der Buddha will damit ausdrücken, dass zwei Buddhas nicht gleichzeitig in einem und demselben Weltbereich erscheinen können. Er schließt diese Möglichkeit aber nicht aus für das ganze, sich in zehn Richtungen[30] erstreckende Universum. Zwei Weltherrscher können nicht gleichzeitig in demselben, aus vier Kontinenten bestehenden Weltsystem erscheinen, weil keiner den Rivalen dulden würde, und darum gibt es in einem aus den vier Kontinenten bestehenden Weltsystem nur einen einzigen Weltherrscher. Ebenso ist das mit einem Buddha und einem großen Weltbereich. Das Sūtra zieht hier die Analogie zwischen Buddhas und Weltherrschern. Wenn du glaubst, wie du es tust, dass es in anderen aus vier Kontinenten bestehenden Weltsystemen noch andere Weltherrscher gibt, warum glaubst du dann nicht (auch) an die Existenz anderer Buddhas in anderen großen Weltbereichen? Zudem: *Ein* Buddha allein kann unmöglich alle Wesen retten. Es muss deshalb noch andere (Buddhas) geben. Tatsächlich sind die Wesen zahllos und ihre Leiden ohne Maß. Daher sind zahllose Buddhas nötig, um sie zur Erlösung zu führen.[31]

Die Begründung, warum es nach Auffassung des Mahāyāna-Buddhismus viele Buddhas geben muss, war zur Klarstellung nützlich, lief der tatsächlichen

Entwicklung aber hinterher: Schon im 1. Jh. n. Chr. hatte das »Sūtra vom Lotos des guten Gesetzes« (Saddharmapuṇḍarīkasūtra) eine Vielzahl von gleichzeitig lebenden *Buddhas in den Gegenden des Raums* anerkannt. Buddhas gebe es wie Sandkörner am Gaṅgā-Fluss, wird in den Mahāyāna-Büchern immer wieder betont.

Das Lotos-Sūtra – wie man das Saddharmapuṇḍarīkasūtra abkürzend nennt – führt (in SP 7 Ed. p. 119) die Tathāgatas, d. h. die »Vollendeten« (Buddhas) der Haupt- und Zwischenhimmelsrichtungen auf: je zwei Buddhas in jeder Richtung (im Nordosten nur einer), so dass sich, mit dem Zentralbuddha, 16 Buddhas ergeben. Die meisten dieser 16 Buddhas waren für die weitere Geschichte des Mahāyāna ohne Bedeutung; konstant geblieben durch die ganze spätere Entwicklung hindurch sind jedoch die Lokalisierung des Buddha Akṣobhya in den Osten, die des Buddha Amitāyus (= Amitābha) in den Westen und die Platzierung des Buddha Gautama Śākyamuni in die Mitte, in die Sahā-, nämlich unsere Welt.

Einen Schritt voran in der Entwicklung eines Raumsystems der transzendenten Buddhas machte im 4./5. Jh. n. Chr. das »Goldglanz-Sūtra« (Suvarṇabhāsasūtra). Es bescheidet sich mit vier Buddhas des Raums. Dem Lotos-Sūtra folgend, benennt es (in Sbh 9 Ed. p. 120) für den Osten den Buddha Akṣobhya und für den Westen den Buddha Amitāyus (= Amitābha) – für den Norden führt es den Buddha Dundubhīśvara, für den Süden den Buddha Ratnaketu ein.

(85)

Aber auch diese beiden letztgenannten Buddhas waren nicht endgültig: Dundubhīśvara wurde sehr bald durch den Buddha Amoghasiddhi ersetzt und Ratnaketu in Ratnasambhava umgetauft. Der zentrale Buddha Gautama Śākyamuni wird im Raumsystem des Goldglanz-Sūtra nicht erwähnt.

Es lag nahe, die räumliche Verteilung der transzendenten Buddhas in Form einer Kompass-Windrose zeichnerisch oder in Stein geschlagen bildhaft zu machen; man nennt solche Anordnung ein Maṇḍala, wörtlich »Kreis«. Steinmaṇḍalas der vier klassischen Raumbuddhas – Akṣobhya (O), Ratnasambhava (S), Amitābha (W) und Amoghasiddhi (N) –, die, mit dem Rücken gegen einen zentralen Stūpa gelehnt, nach außen in ihre jeweilige Himmelsrichtung schauen, (85) sind vor allem in

Kāṭhmaṇḍu zahlreich; der vermutlich älteste Votivstūpa dieses Typs stammt aus dem 5. Jh. n. Chr.[32] Bei Zeichnungen des Maṇḍala wird stets der West-Buddha Amitābha an die Oberkante des Blattes gelegt. (86) Der Grund der Westfrontierung liegt in dem indischen Brauch, religiöse Monumente dadurch zu ehren, dass man sie rechtsläufig umschreitet: Dabei beginnt man, entsprechend dem Sonnenlauf, im Osten. Der zentrale Buddha Śākyamuni ist in diesem System nur durch den Stūpa angedeutet, ist aber keineswegs vergessen. Er taucht später unter neuem Namen wieder auf und gelangt dann zu besonderer Bedeutung. – Eigentlich sollten alle Buddhas der Weltquartiere, da transzendent, mit der fünfblättrigen Krone abgebildet werden, jedoch wird diese ikonographische Vorschrift oft außer Acht gelassen.

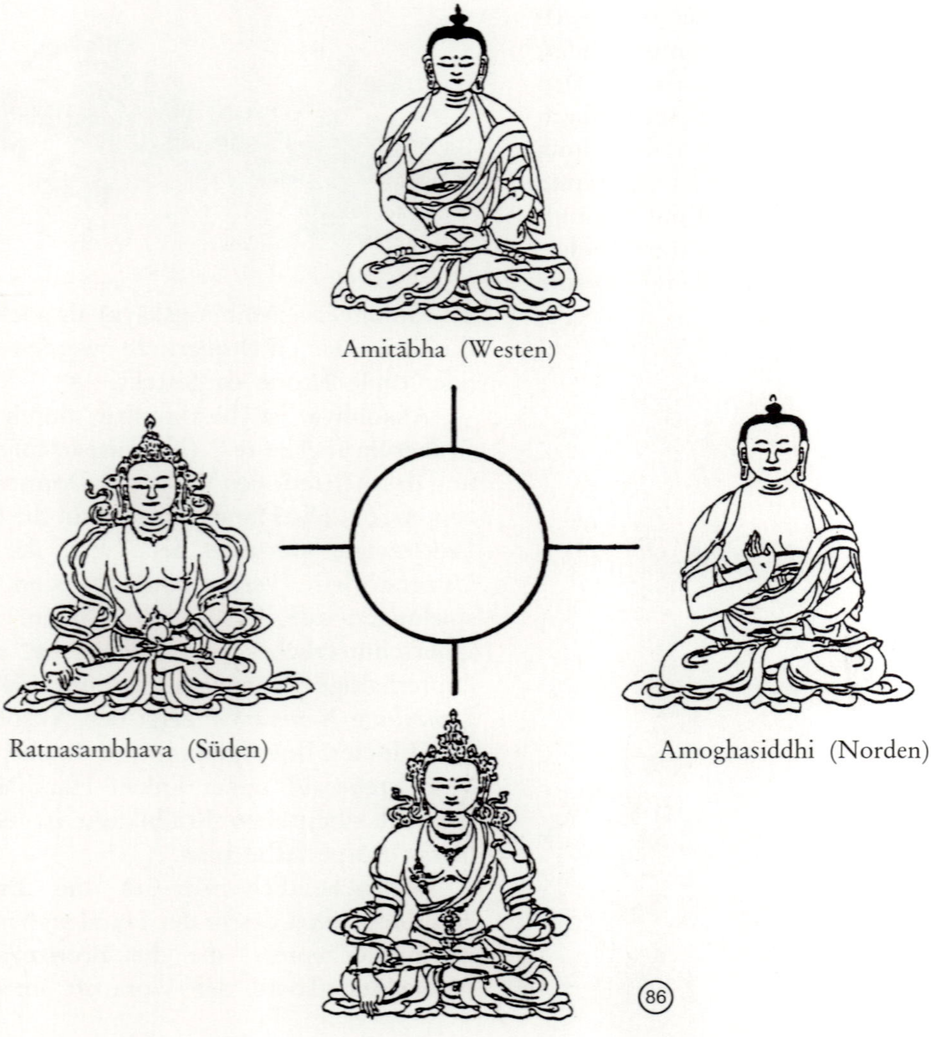

(86)

36. Der Ost-Buddha Akṣobhya und sein Zwischenparadies Abhirati

Akṣobhya, »der Unerschütterliche«, war von den transzendenten Buddhas der erste, dem ein spezieller Kult gewidmet wurde – lange bevor das Maṇḍala der Raumbuddhas entstand. Der Grund seiner Attraktivität liegt auf der Hand: Er ist der Herr des im Osten gelegenen Buddhalandes Abhirati (»Freude«), eines Zwischenparadieses, in dem der Fromme nach dem Tode wiedergeboren werden kann. Ungestört von den Verführungen der Welt und geleitet von der Belehrung durch Akṣobhya gelingt es dem im Lande Abhirati Wiedergeborenen, Gier, Hass und Wahn in sich zu vernichten und so das Nirvāṇa zu verwirklichen. Durch sein Läuterungsparadies Abhirati leistet Akṣobhya praktische Erlösungshilfe.

Die Kunst bildet die transzendenten Buddhas – die Jinas oder Tathāgatas – mit Gesten ab, die man auch beim Buddha Śākyamuni findet. Von diesem unterscheiden sich die Jenseitsbuddhas indes durch kennzeichnende Attribute und, auf Malereien, durch bestimmte Farben. Die Krone mit den fünf Spitzen ist kein unterscheidendes Merkmal, denn sowohl Śākyamuni (als Sambhogakāya) als auch die Buddhas der Weltquartiere werden mit oder ohne Krone dargestellt.

(87)

Akṣobhya ist bestimmbar durch die Erdberührungsgeste (bhūmisparśamudrā) und das Attribut des Vajra, des Donnerkeilzepters. (87) Die Handgeste, die auf die feste Erde zeigt, wie auch der Vajra, der das Unzerstörbare versinnbildlicht, sind Anspielungen auf Akṣobhyas Namen, »der Unerschütterliche«. Eine tibetische, stark kupferhaltige Bronze des 20. Jh. aus der *Sammlung Neumärker* zeigt den Akṣobhya in perfekter Ikonographie mit Krone; der Vajra steht auf seiner linken Handfläche. (88) Auf tibetischen Rollbildern ist Akṣobhyas Körperfarbe blau.

Wahrscheinlich war es die Bruchempfindlichkeit des in der Hand stehenden Donnerkeilzepters, die die Bronzegießer Asiens veranlasste, den Vajra oft am oder

(88)

auf dem Sockel des Buddha anzubringen. Dies ist der Fall bei einer nepālischen Bronze des 20. Jh. aus der *Sammlung Dr. Hessberger.* (89) Sie stellt Akṣobhya ohne Krone dar. Ganz unwidersprochen ist die Deutung als Akṣobhya allerdings nicht. Es gibt Ikonographen, die in dem Vajra auf dem Sockel nicht das Attribut des Akṣobhya sehen, sondern ihn auffassen als Kennzeichen des Sitzes der Erleuchtung (vajrāsana) unter dem Bodhibaum. Dementsprechend interpretieren sie kronenlose Buddhabildnisse mit dem Vajra am Sitzpodest als Gautama im Moment der Erleuchtung.

(89)

Sanskrittexte, die den Ost-Buddha Akṣobhya und sein Zwischenparadies Abhirati verherrlichen, wurden vom 1. Jh. n. Chr. ab verfasst. Die »Beschreibung des Tathāgata Akṣobhya« (Akṣobhyatathāgatavyūha) gehört zur Sūtrensammlung Ratnakūṭa (»Juwelenhaufen«) und liegt wie diese nur noch in chinesischer Übertragung vor. Im »Sūtra von der Darlegung des (Laienbekenners) Vimalakīrti« (Vimalakīrtinirdeśasūtra) aus dem 3. Jh. gilt dem Akṣobhya-Land Abhirati das 12. Kapitel.

Vor langer Zeit, so erzählt der Akṣobhyatathāgatavyūha[33] in Form eines Wechselgesprächs zwischen dem (transzendenten) Buddha Śākyamuni und dem Heiligen Śāriputra, lebte in dem im Osten gelegenen Buddhaland Abhirati der Buddha Viśālanetra (»Der mit den weit geöffneten Augen«) und legte den dort versammelten Bodhisattvas die Lehre dar. Da meldete sich, von seinen Worten bewegt, ein Mönch aus seiner Zuhörerschaft und erklärte feierlich, er sei entschlossen, dem Bodhisattvaweg zu folgen und sein Leben nach den ethischen Regeln (des Buddha) auszurichten. Beeindruckt von solcher Entschiedenheit, gaben ihm die anwesenden Bhikṣus den Namen Akṣobhya, der »Unerschütterliche«, und der Buddha Viśālanetra sagte voraus, dass Akṣobhya dereinst ein Buddha werden würde.

Wie prophezeit, so geschah es. Akṣobhya verwirklichte seine Vorsätze und lebt jetzt als Buddha und Nachfolger des Viśālanetra im östlichen Buddhaland Abhirati.
Die Pracht des Landes Abhirati übertrifft alle Vorstellungen. Dort gibt es einen weit ausladenden Bodhi-Baum, Elendsbereiche wie die Höllen, die Tierwelt und das Reich der Abgeschiedenen sind unbekannt, es gibt keine Krankheiten, keine Lüge und keine Hässlichkeit, und die Erlösungshindernisse Gier, Hass und Unwissen sind in den Wesen nur ganz schwach vorhanden. Nahrung kommt von den Bäumen und ein Wunschbaum (kalpataru) liefert die Kleidung. Die Frauen im Lande Abhirati sind sehr viel besser als die besten dieser Welt.
Ein klarer Teich schmückt das Land Abhirati, ein wohlriechender Wind weht und schwangeren Frauen und dem Kind geht es ausgezeichnet. Singen und Spielen geschehen im Buddhaland ohne sexuelles Begehren; die Wesen beziehen ihre Freuden allein aus der Lehre des Buddha. Nie tritt Dunkelheit ein, weil das Licht des Buddha Akṣobhya alles erhellt. …
Nach dieser Beschreibung des Akṣobhya-Landes, die der Buddha Śākyamuni an Śāriputra und die anderen Mönche seines Gefolges gerichtet hatte, dachte Śāriputra bei sich: »Ich möchte den Erhabenen Akṣobhya einmal sehen!« Śākyamuni las den Gedanken und sofort ließ er den Akṣobhya und sein Land Abhirati vor dem geistigen Auge der Gruppe sichtbar werden. …
Weiter wollte Śāriputra fragen, wie denn das Parinirvāṇa des Akṣobhya sich vollziehen werde. Er brauchte die Frage nicht auszusprechen, da gab Śākyamuni schon die Antwort: Am Tage seines Totalverlöschens werde der Buddha Akṣobhya zahllose aus Geist bestehende Körper in alle Teile der Welt entsenden, um dort die Lehre darzulegen. Wenn er dann verloschen ist, wird die Erde erbeben. Darauf wird sich der Leichnam von selbst entzünden. Später werden die Reliquien in Stūpas beigesetzt werden.
Auf die Frage des Śāriputra, wie man in Akṣobhyas Buddhaland Abhirati Wiedergeburt findet, führte Śākyamuni aus: Es gilt, die gleichen Tugenden zu entwickeln, wie sie der *Bodhisattva* Akṣobhya einst eingesetzt hat, um ein Buddha zu werden, vor allem die sechs Vollkommenheiten (pāramitā) Gebefreudigkeit, Zucht, Geduld, Willensstärke, Meditation und Weisheit. Wer die Wurzeln des Guten pflegt, der kann in jedem Buddhaland in allen zehn Richtungen wiedererstehen, aber das Buddhaland des Akṣobhya ist das beste.
– Soweit, im Kurzabriss, die »Beschreibung des Tathāgata Akṣobhya«.

Die Hoffnung auf Geburt in einem Buddhaland, wörtlich »Buddhafeld« (kṣetra), hat die Mahāyānabekenner der ersten sechs Jahrhunderte n. Chr. stark bewegt, aber keineswegs bedeutet die Wiedergeburt dort die Erlösung. Die Buddhaländer sind Durchgangsstationen: Zwischenparadiese, Läuterungsstätten, in denen der Heilssucher, ohne Irritation durch die Welt, den Rest von Gier, Hass und Verblendung in sich aufheben kann. Hat er dies verwirklicht, geht er aus dem Zwischenparadies ins Nirvāṇa ein. Die Buddhaländer sind ein Ort, Nirvāṇa hingegen ist ein Nicht-Ort.

37. Der West-Buddha Amitābha (Amitāyus) und sein Zwischenparadies Sukhāvatī

Wie in der Politik, so in der Religion: Die Opposition ruht nie. Kaum wurden die Texte der Akṣobhya-Verehrung in Indien bekannt, entstanden Gegentexte, die den im westlichen Weltquartier angesiedelten Amitābha, den »(Buddha) von unermesslichem Glanz«, über den Ost-Buddha hinaushoben und dessen Zwischenparadies Abhirati in den Schatten stellten. Das Westland des Amitābha heißt Sukhāvatī, »das Glückvolle«. Im 3. Jh. n. Chr. gewann der West-Buddha Amitābha über den Ost-Buddha Akṣobhya die Oberhand.

Skulpturen des Amitābha in Sitzpose sind leicht mit solchen des sitzenden Buddha Gautama Śākyamuni zu verwechseln, denn Amitābha wird in der Meditationsgeste (dhyānamudrā) abgebildet (90) (wie oft der Buddha Gautama), hält häufig den Almosentopf in den zusammengelegten Händen (91) (wie Gautama), und kann mit oder ohne Krone abgebildet werden (92) (wie auch der Buddha Gautama). Die fünfblättrige Krone bringt seinen Rang als transzendenter (Sambhogakāya-)Buddha zum Ausdruck. Mit letzter Sicherheit ist der unbekrönte sitzende Amitābha vom sitzenden Gautama Śākyamuni nur in der Malerei zu unterscheiden, denn sie gibt dem Gautama goldene, dem Amitābha rote Hautfarbe. Das Rot der im Westen untergehenden Sonne ist auch die Farbe des West-Buddha.

Die Kerntexte des Glaubens an den Buddha Amitābha sind »die Beschreibung des (Buddhalandes) Sukhāvatī« (Sukhāvatīvyūha) aus dem 1. Jh. n. Chr. und die kürzere Fassung desselben Werks aus dem 2. Jh. n. Chr. Beide sind im Sanskritoriginal überliefert. Der dritte wichtige Text des Amitābha-Glaubens, das »Sūtra der Meditation über Amitāyus« (Amitāyurdhyānasūtra) ist noch in chinesischer Übersetzung greifbar. Aus chinesischen, japanischen und tibetischen Werklisten und aus Zitaten sind über hundert dem Amitābha/Amitāyus gewidmete Sanskritbücher dem Titel

(90)

(91)

(92)

93

94

nach bekannt – ein Beweis der außerordentlichen Beliebtheit des westlichen, im Land des Sonnenuntergangs angesiedelten Buddha.

Der kürzere Sukhāvatīvyāha erklärt, warum Amitābha den Zweitnamen Amitāyus führt:

Was meinst du, Śāriputra, warum jener Vollendete (Buddha) mit dem Namen Amitāyus bezeichnet wird? Weil die Lebensdauer (āyus) jenes Vollendeten und jener Menschen (in seinem Buddhaland) unermesslich (amita) lang ist. ...
Und was meinst du, Śāriputra, warum jener Vollendete mit dem Namen Amitābha bezeichnet wird? Weil der Glanz (ābhā) jenes Vollendeten alle Buddhaländer durchdringt. (SvK 8-9)

Analoges sagt die längere Rezension des Sūtra (SvL 14 u. 12). Sie zieht den Namen *Amitābha*, die kürzere Rezension den Namen *Amitāyus* vor. In den Texten sind die Namen austauschbar, nicht indes in der Kunst, denn ikonographisch werden Amitābha und Amitāyus differenziert. Das kennzeichnende Attribut des Amitāyus ist die Vase mit dem Nektar der Todlosigkeit (amṛta) des Nirvāṇa, (93) den Amitābha für die in seinem Lande Sukhāvatī Geborenen bereithält (Nepāl 20. Jh., Privatsammlung). Amitāyus kann auch ohne Krone wiedergegeben werden – wie bei dieser (94) tibetischen Kleinbronze des 19. Jh. (Privatsammlung), trägt aber immer königlichen Schmuck.

Der Sukhāvatīvyūha (längere Fassung) schildert im Dialog, wie das westliche Zwischenparadies zustandekam und welche Vorzüge es bietet. Die Bemühung, das Ostparadies des Akṣobhya zu übertrumpfen, ist offensichtlich.

Als der Buddha Śākyamuni sich einst mit großem Gefolge auf dem Geiergipfel aufhielt, erzählte er auf die Frage seines Jüngers Ānanda Folgendes: In einem lange vergangenen Weltzeitalter gab es nacheinander 81 Buddhas, deren erster Dīpaṅkara und deren letzter Lokeśvararāja war.

Zu Lebzeiten des Lokeśvararāja lebte auch ein Mönch namens Dharmākara, der eines Tages vor dem Buddha Lokeśvararāja feierlich erklärte, er wolle (ebenfalls) ein Buddha werden, die Menschheit von Alter und Tod befreien und ein Buddhaland errichten. Um dies möglich zu machen, ersuche er den Erhabenen, sein Dharma-Lehrer zu werden. Lokeśvararāja stimmte zu und unterrichtete den Bhikṣu Dharmākara in großer Ausführlichkeit über die verschiedenen Buddhaländer.

Nachdem Dharmākara lange meditiert und die Vorzüge aller Buddhaländer (im Geiste) auf eines konzentriert hatte, trat er erneut vor Lokeśvararāja hin, der ihn aufforderte, seine Vision von einem Buddhaland vor der Versammlung zu schildern. In 46 Gelübden – formuliert als Selbstverwünschungen für den Fall des Wortbruchs – erklärte Dharmākara darauf, zu welchen Leistungen für die Menschheit er sich verpflichte. Das Buddhaland, das er aufrichten wolle, werde frei sein von niederen Formen der Wiedergeburt. Man mache dort keinen Unterschied zwischen Göttern und Menschen; alle erinnern sich an ihre Präexistenzen, besitzen das übersinnliche Auge und das übersinnliche Gehör und seien in der Lage, die Gedanken anderer zu lesen. Denken an Besitz werde es nicht geben in jenem Buddhaland – sämtliche Wesen dort seien völlig auf die Erreichung des Parinirvāṇa gerichtet.

Die wichtigsten Gelübde Dharmākaras, die den rapiden Aufstieg des Amitābha-Glaubens bedingten, sind die folgenden:

– Wenn, o Herr, nachdem ich (dereinst) die Erleuchtung erlangt habe, Wesen in anderen Weltsystemen durch das Hören meines Namens ein Denken an höchste, vollkommene Erleuchtung entwickeln und klaren Geistes meiner gedenken, – wenn ich nicht in deren Todesmoment, nachdem ich, umgeben von einer Schar von Mönchen, zu ihnen gegangen bin, als der Verehrte vor ihnen stehen sollte, um ihren Geist vor Angst zu bewahren, – nicht möge ich dann zur höchsten, vollkommenen Erleuchtung gelangen.

– Wenn, o Herr, nachdem ich (dereinst) die Erleuchtung erlangt habe, Wesen in unermesslichen zahllosen Buddhaländern durch das Hören meines Namens ihr Denken auf Wiedergeburt dort in (meinem) Buddhaland (Sukhāvatī) richten und die Wurzeln des (karmischen) Verdienstes entsprechend zur Reife bringen sollten, – wenn sie nicht dort in (meinem) Buddhaland wiedererstehen sollten, und hätten sie auch nur zehnmal das Denken (auf mich) gerichtet, … – nicht möge ich dann zur höchsten, vollkommenen Erleuchtung gelangen. (SvL 8,18-19)

Im zwanzigsten Gelübde verpflichtet sich Dharmākara, sein zukünftiges Buddhaland so einzurichten, dass die dort geborenen Wesen nur noch durch *eine* Geburt gebunden sind, bevor sie die Erleuchtung (und damit das Nirvāṇa) erreichen; mit anderen Worten: dass sie vom Buddhalande aus, das nur ein Durchgangsparadies ist, direkt ins Parinirvāṇa eingehen werden. Ausdrücklich hiervon ausgespart werden jene Bodhisattvas, die sich der Erlösung *aller* Wesen verschrieben haben (und bis zu diesem Ziel freiwillig in der Welt verbleiben wollen). Für die Bodhisattvas seines (zukünftigen) Buddhalandes, so gelobt Dharmākara weiter, werde sich, wenn sie wollen, ihr religiöses Verdienst in handfeste Schätze und Dinge umsetzen. Frauen, die seiner (als Buddha) gedenken, werden in seinem Buddhalande als Männer wiedergeboren, und Bodhisattvas (die für das Heil anderer Wesen wirken) von der Welt geehrt werden. – Durch diese Verpflichtungserklärung und weitere Bemühungen begann der Bhikṣu Dharmākara, alle Tugenden eines Bodhisattva zu entwickeln. So erwarb er einen gewaltigen Schatz an religiösem Verdienst.

Als Śākyamuni so weit berichtet hatte, fragte Ānanda, ob jener Bodhisattva Dharmākara ins Nirvāṇa eingetreten sei oder ob er noch irgendwo als Lehrer lebe. Śākyamuni erwiderte: Nein, Ānanda, er ist nicht gestorben, sondern lebt, den Dharma predigend, in der westlichen Weltsphäre in einem weit, weit entfernten Buddhaland. Das Land heißt Sukhāvatī, »das Glückliche«, und Dharmākara, zum Buddha geworden, trägt jetzt den Namen *Amitābha*. So heißt er, weil sein Strahlen in die Buddhaländer aller zehn Richtungen hineinreicht. Er heißt aber auch *Amitāyus*, weil seine Lebenszeit unmessbar ist.

Das Land Sukhāvatī weist nicht nur alle Eigenschaften auf, die der Mönch Dharmākara einst in seinem Gelübde formuliert hatte, es übersteigt mit seinen Blumen und Früchten, Juwelenbäumen, Farben und Düften alle weltlichen Vorstellungen. Weil es frei ist von Bösem, von Unglück, Elend, Zerstörung und Schmerz, darum heißt es Sukhāvatī, »das glückvolle (Land)«. Die Wesen dort brauchen keine stoffliche Nahrung, sondern werden satt, wenn sie an Nahrung denken. Durch bloßes Wünschen erfüllt sich auch ihr Bedarf an Kleidung, Schmuck und Behausung.

Vor den Augen der Weltwesen, so heißt es weiter, die an den Buddha Amitābha denken, (durch heilsames Tun) die Wurzel des Guten pflanzen, ihr Sinnen auf Erleuchtung richten und um Wiedergeburt im Lande Sukhāvatī bitten, vor ihnen wird Amitābha in ihrer Todesstunde erscheinen, und sie werden im Sukhāvatī-Lande geboren werden. Aber auch jenen, die seiner weniger gedenken, wird Amitābha in ihrer Sterbestunde sichtbar werden, allerdings nicht in Person, sondern als Geistschöpfung (buddhinirmita). Wenn sie ihn sich dann, wenn sie sterben, ins Gedächtnis rufen, werden auch sie im Lande Sukhāvatī wiedererstehen. Ebenfalls dorthin gelangen die Wesen, die nur einmal einen Gedanken auf Amitābha wenden oder ihn im Traum sehen.

Für die Bodhisattvas im Lande Sukhāvatī ist dies die letzte Existenz, denn sie werden (dort) ausnahmslos die Erleuchtung verwirklichen (und somit Nirvāṇa erreichen) – mit Ausnahme jener Bodhisattvas freilich, die (mit Absicht weitere Geburten auf sich nehmen, um) *allen* Wesen zur Erlösung zu verhelfen. Von den »Hörern« (d. h. Hīnayānins) im Buddhaland Sukhāvatī geht ein Leuchten aus, aber heller ist das Licht, das die »Bodhisattvas« (d. h. Mahāyānins) ausstrahlen. Deren Licht wiederum wird übertroffen von dem Strahlen, das die beiden *transzendenten* Bodhisattvas aussenden.

»Wer sind sie, wie heißen die beiden?«, warf Ānanda ein, und Śākyamuni erläuterte: Es sind die Bodhisattvas Avalokiteśvara und Mahāsthāmaprāpta, die hier (in der Welt) vergangen und dort (im Lande Sukhāvatī) wiedererstanden sind.

Um Ānanda Gelegenheit zu geben, durch innere Hinwendung zu Amitābha religiöses Verdienst zu erwerben, forderte Śākyamuni den Jünger auf, den Blick nach Westen zu richten und den dort residierenden Buddha durch eine Blumenspende zu ehren. Da sagte Ānanda: »Herr, ich möchte den Amitābha sehen!« Kaum hatte er ausgesprochen, ließ Amitābha aus der Fläche seiner Hand einen Lichtstrahl hervorgehen, der selbst die entferntesten Buddhaländer aufgleißen ließ. Die Wesen in allen Buddhaländern wurden sichtbar, und jedermann erkannte nicht nur den Buddha Amitābha in seinem Lande Sukhāvatī, sondern auch den Buddha Śākyamuni in seiner Sahā-Welt, nämlich unserer Welt.

Ab dieser Stelle des Sukhāvatīvyūhasūtra richtet Śākyamuni seine Worte an den Bodhisattva Ajita.[34] Śākyamuni fragt also den Ajita: Hast du die Herrlichkeit des Buddhalandes (Sukhāvatī), die wunderbaren Parks, Gärten, Flüsse und Teiche mit ihren Lotosblumen und die vom Vollendeten (Amitābha) geistig geschaffenen Vögel[35] gesehen? Ajita bestätigt all dies und auch, dass er im Lande Sukhāvatī in den Lotosblüten Menschen erblickt habe. Śākyamuni gibt dazu die Erklärung: Die Wesen anderer Buddhaländer, die daran zweifeln, ob sie jemals im Lande Sukhāvatī erstehen werden, aber immerhin durch ihr Denken an Sukhāvatī die Wurzeln des Guten gepflanzt haben, die werden dort (ohne Mutter) in geschlossenen Lotosknospen geboren. Diejenigen hingegen, die Vertrauen hegen und frei sind von Zweifeln, die werden in der Sukhāvatī auf wunderbare Weise erstehen, indem sie mit gekreuzten Beinen in offenen Lotosblüten sitzen. …

Während (der Buddha Śākyamuni) so sprach, ging zahlreichen Wesen das Auge für die Lehre auf und sie verwirklichten verschiedene Stadien des Erlösungsweges. Das Universum erbebte, und die ganze Versammlung freute sich über die Worte des Erhabenen. – Dies der geraffte Inhalt des Sukhāvatīvyūhasūtra (längere Fassung).

Es war sicher nicht der literarische Wert dieses Sūtra, der den West-Buddha Amitābha in der Volksbeliebtheit über den Ost-Buddha Akṣobhya hinauswachsen ließ; es waren die Vorzüge des Landes Sukhāvatī, die den Ausschlag gaben.

Die außerordentliche Popularität, die der Amitābha-Glaube bald nach seinem Entstehen in Indien erlangte, sprang nach Ostasien über. China schloss Amitābha, den »(Buddha) von unermesslichem Glanz«, unter dem chinesierten Namen *Amituo* ins Herz, denn der mitleidige Buddha, der den Menschen nach seinem Tode in seinem westlichen, im Sonnenuntergang liegenden reinen Land Sukhāvatī willkommen heißt, nahm dem Sterben den Schrecken und bereicherte den chinesischen Totenkult. Überdies entsprach Amitābha unter seinem Zweitnamen Amitāyus, »der von unermesslicher Lebensdauer«, dem daoistischen Ideal der Langlebigkeit. Im 4. Jh. n. Chr. war Amitābha im Lande der Mitte zu Hause, im 9. Jh. erreichte er unter dem Namen *Amida* auch Japan.

Die Kunst Ostasiens gibt dem sitzenden Amida eine Meditationsgeste, die von der indischen Dhyānamudrā abweicht. Der 11,30 m hohe Amida-Buddha von Kamakura (Japan) (95) gegossen im Jahr

(95)

(96) 

1252, hat die Hände zur Meditation zusammengelegt in der Weise, dass die mittleren Fingerknöchel sich parallel berühren und die Daumenspitzen aneinander stoßen. Japanische Kultbilder des stehenden Amitābha/Amida, (96) so dieses in unbekanntem Besitz, zeigen den Buddha oft mit einer erhobenen und einer gesenkten Hand, an beiden Händen sind die Zeigefinger eingeschlagen. Die Fingerhaltung mag auf die indische Darlegungsgeste (vitarkamudrā) zurückgehen, wird aber oft erklärt als Andeutung, dass Amitābha/Amida dem in seinem Westparadies wiedergeborenen Erlösungssucher das Nirvāṇa nicht mit offenen Händen schenkt, sondern zur Vernichtung von Gier, Hass und Unwissenheit einen Rest von Eigenbemühung von ihm fordert, damit er das Heilsziel verwirklicht.

Szenen aus dem Sukhāvatīvyūhasūtra sind vor allem in Ostasien und Tibet ein beliebtes Motiv der bildenden Kunst. Ein tibetischer Blockdruck zeigt den Buddha Amitābha in seinem Zwischenparadies sitzend mit dem Almosentopf. (97) Die transzendenten Bodhisattvas Mahāsthāmaprāpta und Avalokiteśvara laden den Betrachter durch Gebärden ein, im Lande Sukhāvatī Wiedergeburt zu suchen, vier Mönche bilden ein Empfangskomitee. Vor dem Buddhathron aufgehäufte Schätze sollen denjenigen anlocken, dem der Sinn nach Reichtum steht, aber darüber leuchtet in einer Flammenaureole der wahre Schatz: Das Rad der Lehre. Am Thronsockel ist – aus Symmetriegründen doppelt – der Pfau (mayūra) zu sehen, Amitābhas Begleittier. Er versinnbildlicht Langlebigkeit, denn in Indien und Tibet glaubt man, der Pfau, der sich u. a. von Schlangen ernährt, vertrage alle Arten von Gift, ohne Schaden zu nehmen; durch seine Giftresistenz verweist der Pfau auf den Zweitnamen des Amitābha: Amitāyus, »der (Buddha) mit dem unermesslichen Leben«. Ein weiteres Symbol Amitābhas ist der Lotos. Er symbolisiert Reinheit, denn er wächst auch aus dem modrigsten Tümpel sauber hervor.

(97)

Eine chinesische Zeichnung (98) führt uns den West-Buddha Amitābha mit den transzendenten Bodhisattvas Mahāsthāmaprāpta und Avalokiteśvara im Gruppenporträt vor Augen. Der Buddha hält in der linken Hand einen Lotos: den Blütenkelch, in dem der im Zwischenparadies Sukhāvatī Erstehende ohne Mutter geboren wird. Alle drei Personen halten die freien Hände in der Wunschgewährungsgeste (varadamudrā) nach unten geöffnet.

(98)

(99)

Die *Staatliche Eremitage* in Sankt Petersburg beherbergt ein chinesisches Rollbild aus dem 12. Jh., (99) das eindrucksvoll die Erlösungssehnsucht des Gläubigen beschreibt. Der winzig dargestellte Fromme (links unten), vermutlich der Stifter des Bildes, fleht den Buddha Amitābha an, in dessen westlichem Lande Sukhāvatī wiedergeboren zu werden. Durch die Gewährungsgeste (varadamudrā) stimmt der Buddha zu. Kaum ist der Fromme verstorben, strahlt Amitābha dem wiedergeborenen nackten Kleinkind (links Mitte) aus seiner Stirn einen Gnadenstrahl entgegen. Amitābhas Helfer – links der Bodhisattva Mahāsthāmaprāpta, rechts Avalokiteśvara – halten dem Kind einen goldenen Lotos entgegen mit der Einladung, darauf Platz zu nehmen, um in dem Lotoskelch vor dem Thron des Amitābha im Lande Sukhāvatī zur letzten Existenz zu erstehen.

(100)

Ist der transzendente Buddha Amitābha durch sein Gelübde für die Menschheit und sein Läuterungsparadies Sukhāvatī schon die religiös attraktivste Gestalt für die Gläubigen – seine Bedeutung wird weiter verstärkt durch den Umstand, dass ihm ein nie versagender Erlösungshelfer zur Seite steht, der transzendente Bodhisattva Avalokiteśvara. In Tibet ordnet man dem Amitābha zuweilen sogar acht transzendente Bodhisattvas bei, von denen Avalokiteśvara der herausragende ist, während andere kultisch keine Rolle spielen. Ein tibetisches Rollbild (100) aus dem frühen 20. Jh. (Privatsammlung) zeigt Amitābha mit dem Almosentopf in den Händen als Hüter und Herrn seines Zwischenparadieses Sukhāvatī. Das Paradies liegt inmitten des westlichen Sternenhimmels und ist durch einen Regenbogen abgegrenzt. Amitābha ist rot wie die im Westen untergehende Sonne. Vor seinem Thron erkennt man das Rad der Lehre, die symbolischen Pfauen und die weißen Lotosse, in deren Kelchen die Frommen, die im Lande Sukhāvatī zur letzten Existenz erstehen, ohne Mutter geboren werden.

Die zu Füßen Amitābhas versammelten acht transzendenten Bodhisattvas sind (von links nach rechts):

- Padmapāṇi, d. i. Avalokiteśvara in anderer Erscheinungsform,
- Mañjuśrī mit Buch und Schwert, der Schutzpatron der buddhistischen Gelehrten,
- Ratnapāṇi mit dem Juwel in der Hand,
- Ākāśagarbha mit der Sonnenscheibe und dem blau-transparenten Wunschjuwel,
- Nīvaraṇaviṣkambhin mit der Mondscheibe und der Edelsteinvase,
- Viśvapāṇi mit dem Doppelvajra (viśvavajra),
- Maitreya, der als nächster Buddha auf der Erde erscheinen wird und an dem Stūpa in der Haartracht und der Nektarvase (amṛtakalaśa) identifizierbar ist, und
- Samantabhadra mit den männlich/weiblichen Polaritätssymbolen Donnerkeil (vajra) und Glocke (ghaṇṭā).

Avalokiteśvara, der wichtigste dieser acht Bodhisattvas, der schon in seiner Gestalt als Padmapāṇi erwähnt wurde, erscheint am Fuße des Rollbildes noch einmal. Er ist rot wie Amitābha, dem er zugeordnet ist, und lässt über eine Regenbogenbrücke drei Mönche ins Zwischenparadies Sukhāvatī ein. Von seinem Herzen gehen Strahlen des Mitleid aus: nach links in die eisigen, nach rechts in die feurigen Höllen. Bei den am Kopf des Rollbildes dargestellten Wesenheiten handelt es sich links um den Ādibuddha Vajrasattva, rechts um den weiblichen Bodhisattva Weiße Tārā. Solche außerhalb der Bildkomposition stehenden Gestalten auf Rollbildern unterliegen nicht den Motivregeln des Zentralthemas und können vom Auftraggeber des Bildes frei gewählt werden.

38. *Exkurs*: der transzendente Bodhisattva Avalokiteśvara

Die *irdischen* Buddhas sind im Parinirvāṇa erloschen und unerreichbar, die *transzendenten* Buddhas leben außerhalb unserer Welt – beide Arten von Buddhas können bei weltlichen Notfällen und Gefahren nicht helfend eingreifen. Hierzu imstande sind jedoch die *transzendenten Bodhisattvas*. Sie sind nicht Gegenstand dieses den Buddhas gewidmeten Buches, jedoch darf zumindest der Bodhisattva Avalokiteśvara in dem Werk nicht fehlen. Als in der Welt tätiger Verbündeter des West-Buddha Amitābha, als stets verfügbarer Heilsbeistand und Retter steht er bei den Gläubigen in allerhöchster Verehrung.

Im frühen Buddhismus bezeichnet das Wort »Bodhisattva« einen Menschen, der die Erleuchtung und Erlösung anstrebt: Von sich selbst als einem Bodhisattva sprach der historische Buddha Gautama, wenn er von der Zeit vor seiner Erleuchtung berichtete. Der Mahāyāna-Buddhismus bezieht den Begriff auf solche Erleuchtungssucher, die entschlossen sind, sich vorrangig für die Leidensbefreiung *anderer* einzusetzen. Der mahāyānische Bodhisattva ist durch seine mitleidvolle Aufopferung definiert.

Im 1. Jh. n. Chr. formalisierte man den Bodhisattva-Begriff, indem man die Laufbahn des Bodhisattva in zehn Stufen (bhūmi) unterteilte. Auf den unteren sechs Stufen entwickelt der Bodhisattva sechs ethische Vollkommenheiten (pāramitā), unterliegt aber noch dem Kreislauf der Wiedergeburt. Mit Erreichen der siebten Stufe wird er von karmischen Bindungen und dem Zwang zur Wiedergeburt frei. Er ist damit ein *transzendenter* Bodhisattva geworden und könnte zum Lebensende das nachtodliche Verlöschen (parinirvāṇa) annehmen, wenn sein Mitleid (karuṇā) mit den unerlösten Wesen dies zuließe. Stattdessen zieht er es vor, freiwillig in der Welt zu verbleiben, um den anderen Wesen zur Erlösung zu verhelfen. Die Kunst Asiens verdeutlicht die Überlegenheit der transzendenten Bodhisattvas über die Naturgesetze dadurch, dass sie sie oft mit der fünfblättrigen Krone darstellt und einige von ihnen, zumal den Avalokiteśvara, mit mehreren Armpaaren und Gesichtern ausstattet. Auf tibetischen Rollbildern ist der sitzende Avalokiteśvara zumeist weiß, der stehende zumeist rot.

Der älteste dem Avalokiteśvara gewidmete Sanskrittext ist das 24. Kapitel des Lotos-Sūtra (Saddharmapuṇḍarīkasūtra). Schon der Name des Bodhisattva – Avalokita-Īśvara, »der Herr, der (mitleidvoll) herabschaut« (auf das Leiden der Wesen) – beschreibt seine Natur: Mitgefühl und Wohlwollen bestimmen sein Tun (SP 24,22 u. 26); wer ihn verehrt, wird frei von Gier, Hass und Unwissenheit (SP 24 Ed. p. 251), ja schon das Hören des Namens Avalokiteśvara befreit vom Leiden (SP 24 Ed. p. 250). Avalokiteśvara ist der Retter der Welt einschließlich der Götter (SP 24,17). Je nach der Hilfe, die er geben will, kann er jede erdenkliche Gestalt annehmen, sich vervielfachen, an mehreren Orten gleichzeitig auftreten und in Gedankenschnelle jeden Platz der Erde erreichen.

Viele tibetische Buddhisten sehen den Dalai Lama als Erscheinungsform des Avalokiteśvara an. Manchmal legt sich der Bodhisattva die Gestalt eines Buddha bei, manchmal erscheint er als Gottheit einer anderen Religion: als der Hindugott Brahma, als Indra, Maheśvara (= Śiva) oder der Schatzhüter Kubera (SP 24 Ed. p. 252). In die Gestalt nichtbuddhistischer Wesenheiten zu schlüpfen, um Andersgläubigen das buddhistische Dharma-Wissen zu bringen, ist einer der pädagogischen Kunstgriffe (upāya), die der große Bodhisattva beherrscht.

Auch in physischer Gefahr kann Avalokiteśvara helfen. Ob jemand ins Feuer oder in den Ozean geworfen, gesteinigt, mit dem Schwert angegriffen oder zur Hinrichtung geführt wird – stets wird Avalokiteśvara den ihn Anflehenden erretten. Ketten und Fesseln zerspringen, Dämonen fliehen, Schwarze Magie wird wirkungslos, wenn er angerufen wird (SP 24,5-12). Weitere Rettungstaten, zu denen Avalokiteśvara fähig ist, schildert das ins 3./4. Jh. n. Chr. datierbare »Sūtra zur Beschreibung der Macht des Avalokiteśvara« (Avalokiteśvaraguṇakāraṇḍavyūhasūtra). Der Bodhisattva erscheint in dem Werk als kosmische Heilandgestalt. Sogar in die feurigen Höllen steigt er hinab, um den Wesen, die dort ihr übles Karman abzugelten haben, Kühlung und Heilsbelehrung zu bringen.

Zu den ältesten und eindrucksvollsten Abbildungen des Avalokiteśvara gehört eine in der *Kronos-Sammlung* in New York befindliche Steinskulptur des 2./3. Jh. n. Chr. aus gesprenkeltem rotem Sandstein, (101) die aus Mathurā stammt. Sie zeigt den Bodhisattva auf einem Podest (im Himmel) in europäischer Weise sitzend, aber mit einem quer gelegten Unterschenkel – eine Haltung, die nur bei Bodhisattvas vorkommt. Er hat zwei Finger der rechten Hand sinnend an die Wange gelegt und hält den Blick nach unten auf die Welt gerichtet: Mitleidvoll meditiert er darüber, wie den leidenden Wesen zu helfen sei. Eine kleine Darstellung des sitzenden Buddha Amitābha in seinem Kopfputz drückt seine Zuordnung zu diesem Buddha aus.

Häufig in der Kunst Asiens sind Darstellungen des Avalokiteśvara in der

(101)

Gestalt des Padmapāṇi, des »(Bodhisattva) mit dem Lotos in der Hand«. Eine Stele aus Nālandā aus dem 5. Jh., (102) archiviert im *Indian National Museum* in New Delhi, deutet an, dass Avalokiteśvaras Mitleid auch das Pflanzenreich umfasst: Der Lotos, die Seerose in seiner linken Hand ist nicht abgerissen, sondern noch im Teich verwurzelt. Die rechte Hand des Bodhisattva weist in der Gewährungsgeste (varadamudrā) nach unten und drückt aus, dass er jedem Hilferuf folgen wird. An einer Amitābha-Kokarde am Turban wird seine Loyalität zu diesem Buddha erkennbar.

Die für die Kunst Indiens typische Amitābha-Figur auf dem Haupt des Avalokiteśvara ist oft direkt in der Flechtentiara (jaṭāmukuṭa) des Bodhisattva untergebracht – so bei diesem Kopf des Avalokiteśvara (103) im Stil der Pāla-Periode aus dem 12. Jh. aus Bengalen (Privatsammlung). Die

(102)

(103)

fünfblättrige Krone ist zum Stirnreif verkleinert. Die Pāla-Könige waren die letzten Schutzherren des Buddhismus in Indien. Mit dem Untergang ihrer Dynastie gegen Ende des 12. Jh. endete die Periode des Buddhismus und buddhistischer Kunstaktivität auf indischem Boden.

Angesichts der außerordentlichen Verwandlungsfähigkeit des Bodhisattva Avalokiteśvara kann es kaum überraschen, dass er in der Kunst des Himālaya in 130 Darstellungsweisen auftritt;

ungefähr die Hälfte der Bildnisse zeigt ihn stehend. Eine nepālische Bronze des 20. Jh. (104) (Privatsammlung) gibt ihn wieder in der Dreibruchhaltung (tribhaṅga); Kopf, Körper und Beine bilden eine sanfte Zickzacklinie, das rechte Bein ist als Spielbein nach vorn gestellt. Die fünfblättrige Krone ist so stilisiert, dass sie kaum noch als Krone erkennbar ist. Der Bodhisattva trägt ein senkrechtes Stirnmal in rechteckiger Form und hat die rechte Hand zur Ermutigungsgeste (abhayamudrā), nach vorn offen, erhoben; der linke Arm hängt ungezwungen herab. Hilfreich für die Identifizierung von Bildnissen des Avalokiteśvara ist auch das Gazellenfell, das über seiner linken Schulter hängt, das aber bei vielen Wiedergaben fehlt.

(104)

Und wie wird der Bodhisattva Avalokiteśvara zur Hilfe herbeigerufen? – Durch Sprechen des Großen sechssilbigen Zauberspruchs (ṣaḍakṣarīmahāvidyā), der im Kāraṇḍavyūhasūtra empfohlen (Kv 3 Ed. p. 292 ff.), aber nicht im Wortlaut genannt wird; anscheinend sollte er den Adepten vorbehalten bleiben. Gemeint ist das Mantra »Oṃ. Maṇi padme.

(105)

Hūṃ«. *Oṃ* und *hūṃ* kennzeichnen den Anfang und das Ende und symbolisieren die Totalität wie im Christentum das »A und O«, der erste und der letzte Buchstabe des griechischen Alphabets. Die Kernformal *maṇi padme*, »O du Juwel im Lotos«, bezieht sich auf das Absolute, das in allem enthalten ist, spielt aber auch an auf das alle Wünsche erfüllende Juwel Cintāmaṇi, das der »Sechssilben-Avalokiteśvara« mit dem inneren Händepaar umschließt.

Der Sechssilben-Avalokiteśvara wird im Lotossitz (padmāsana) und mit der fünfblättrigen Krone sowie mit der Flechtentiara dargestellt. (105) Er besitzt vier Arme. Das untere Händepaar umschließt in der Juwelhaltegeste (maṇidharamudrā) – die nicht mit der Gruß- oder Verehrungsgeste (añjalimudrā) verwechselt werden darf – das Wunschjuwel (cintāmaṇi), die rechte obere Hand hält den 108-perligen Rosenkranz (akṣamālā), die Gegenhand den Lotos. Die abgebildete Bronze aus dem 17. Jh. stammt aus Westtibet (Privatsammlung).

Eine Personifikation des allumfassenden Mitleids (mahākaruṇā) ist Avalokiteśvara in der Gestalt des »Elfköpfigen erbarmungsvollen Lokeśvara« (Ekadaśamukhamahākaruṇika-Lokeśvara). Die Legende erzählt, beim Anblick des Leidens in den Höllen sei dem Avalokiteśvara vor Entsetzen der Kopf in zehn Stücke zersprungen. Der transzendente Buddha Amitābha, dem der Bodhisattva zugeordnet ist, habe darauf jedes der Bruchstücke in einen vollständigen Kopf (bzw. ein Gesicht) verwandelt und ein Abbild seines eigenen Kopfes obenauf gesetzt. Eines von den elf Gesichtern ist dämonisch, denn von einer dämonischen Gestalt lassen sich böse Geister leichter vertreiben.

Eine mongolische Bronze etwa des 17. Jh. im *Staatlichen Museum für Völkerkunde* in München (106) zeigt den Lokeśvara (= Kurzform für Avalo-

(106)

kiteśvara) mit acht Armen, aber inkompletten Attributen. Die acht Hände (sollten) halten bzw. zeigen

Rosenkranz	Lotos
Rad der Lehre	Bogen und Pfeil
Cintāmaṇi-Juwel	
Gewährungsgeste	Wasserkännchen.

Der Rosenkranz, der in Tibet als Zählhilfe beim Sprechen des Mantra »Oṃ. Maṇi padme. Hūṃ« dient, erinnert die Gläubigen daran, dass sie mit diesem Mantra den Bodhisattva jederzeit rufen können. Der Lotos in der Gegenhand drückt aus, dass Avalokiteśvara seinen Beistand leistet ohne Eigeninteresse in voller Reinheit der Absicht. Das zweite Händepaar hält das Rad der Lehre mit den acht Speichen, die den Regeln (śīla) des achtspurigen Weges zur Erlösung entsprechen, und den Bogen mit Pfeil, ein Symbol der Entschlossenheit zur Abwehr von Versuchungen und Feinden. Das vordere, vor der Brust zusammengelegte Händepaar umschließt das Wunschjuwel, das es dem Bodhisattva möglich macht, auch materielle Wünsche des ihn anrufenden Gläubigen zu erfüllen.

(107)

Bleibt noch das nach unten gerichtete Händepaar. Die rechte Hand ist in der Wunschgewährungsgeste (varadamudrā) nach vorn geöffnet. Auf der Handfläche ist ein Auge erkennbar, das Avalokiteśvara in die Lage versetzt, Leid und Not auch dort wahrzunehmen, wo die Augen seiner elf Köpfe nicht hinreichen. Die Gegenhand hält das Wasserkännchen, mit dem der Bodhisattva die dürstenden Wesen erfrischen kann. Es wird oft auch als das Nektargefäß mit dem Trunk der Todlosigkeit (amṛta) interpretiert.

In der gleichen Ikonographie, aber zusätzlich versehen mit einer Vielzahl von Armen, erscheint der elfköpfige Avalokiteśvara, wenn er als »tausendarmiger Lokeśvara« (Sahasrabhuja-Lokeśvara) abgebildet wird; eine hervorragende südtibetische Bronze dieser Art aus dem 15./16. Jh. steht im *Rautenstrauch-Joest-Museum für Völkerkunde* in Köln. (107) Da es unmöglich ist, eine Skulptur mit tausend Armen zu versehen, beschränkte sich der Künstler darauf, außer den 8 Hauptarmen 34 weitere Arme wiederzugeben. Alle Hände tragen auf der Innenfläche ein Auge, damit kein Wesen in Not dem Mitleid des Avalokiteśvara entgeht.

Weichere Formen nimmt der transzendente Bodhisattva Avalokiteśvara in Ostasien an; bei einigen buddhistischen Gruppen verwandelt er sich in eine weibliche Wesenheit, jedoch fast immer ohne Busen. Als (chin.) Guan-yin oder (jap.) Kannon hält er in der rechten Hand den Zweig einer Weide (Symbol des Frühlings und einer neu anbrechenden Zeit), in der linken eine Vase mit Wasser, um die Dürstenden zu erquicken, (108) jedoch, gibt es von Guan-Tin/Kannon Dutzende ikonographischer Varianten. (China, 19. Jh., Privatsammlung)

(108)

39. Der Nord-Buddha Amoghasiddhi

Nach dem Exkurs zu den transzendenten *Bodhisattvas* kehren wir zu den transzendenten *Buddhas* zurück. Der Ost-Buddha Akṣobhya und der West-Buddha Amitābha wurden bereits betrachtet, der Blick richtet sich jetzt auf die Buddhas des Nordens und des Südens.

Im nördlichen Weltquartier residiert der transzendente Buddha Amoghasiddhi, »der von unfehlbarer Zaubermacht« oder »der unfehlbar Erfolg bringt«. Der Name hat ihn im Volksglauben zum Wunscherfüller werden lassen. Von einem Buddhaland – als Zwischenparadies für die Frommen – ist bei Amoghasiddhi nicht die Rede.

Der Nord-Buddha wird sitzend in der Geste der Ermutigung (abhayamudrā) und mit der linken Hand flach im Schoß abgebildet – gleich dieser westtibetischen Bronze des Amoghasiddhi (109) aus einer Privatsammlung in den USA. Die Darstellung ist allerdings ikonographisch inkomplett: Es fehlt das Kennzeichen Amoghasiddhis, der Doppel- oder Kreuzvajra (viśvavajra), (110) der in der linken Hand des Nord-Buddha stehen oder am Sockel der Statue angebracht sein sollte. Das Begleittier (vāhana) des Amoghasiddhi ist der aus dem Hinduismus übernommene mythische Menschenvogel Garuḍa, halb Adler, halb Mensch. Auf Malereien ist Amoghasiddhis Farbe grün.

(109)

(110)

Eigenwillige Darstellung erfährt der Nord-Buddha Amoghasiddhi in Nepāl. (111) Dort kann er in der linken, flach ruhenden Hand statt des Doppelvajra den Almosentopf (pātra) halten; der Doppelvajra ist auf den Thronsockel verschoben, getragen von einem Lotos. Am Sockel ist auch der Menschenvogel Garuḍa abgebildet, zur Herstellung von Symmetrie zweifach.

(111)

Es fällt auf, dass Amoghasiddhi von einer mehrköpfigen Schlange (nāga) begleitet ist, die sich hinter ihm windet und hinter seiner Gloriole ihre Halshaut spreizt. In Nepāl ist vor seinen Skulpturen bisweilen eine kleine rechteckige Grube ausgehoben – ein symbolischer Teich, der als Wohnung der Nāgas gilt. Denn der Nord-Buddha Amoghasiddhi wird mit dem Element Wasser assoziiert, das nach asiatischer Überzeugung die Welt der Schlangen ist. Schlangen, Nāgas, wohnen unter der Erdoberfläche in einer feuchten Schicht, von der aus sie die Fruchtbarkeit der Felder bewirken, kommen manchmal aber auf die Erde, um sich in menschenähnlicher Gestalt unter die Menschen zu mischen. Amoghasiddhi ist ein Freund der Nāgas. In Trockenzeiten bringt ihm der Himālaya-Bauer ein Opfer dar, um ihn als Fürsprecher für das Wiedererscheinen der Nāgas (= des Wassers) auf der Erde zu gewinnen.

Amoghasiddhi hilft aber auch, wenn der Monsun allzu viel Regen und zerstörende Überschwemmungen gebracht hat. Sein Begleittier, der Menschenadler Garuḍa, ist ein Schlangentöter und Feind aller Reptilien. Sobald Amoghasiddhi ihn aussendet und er am Himmel erscheint, verschwinden Nāgas und Wasser furchtsam in der Erde.

40. Der Süd-Buddha Ratnasambhava

Dem südlichen Weltviertel zugeordnet ist der transzendente Buddha Ratnasambhava, »der mit dem Juwel Geborene«, der – wie alle Sambhogakāya-, d. h. transzendenten Buddhas – in kompletter Ikonographie gekrönt porträtiert wird – mit dem Edelstein (maṇi, ratna) in der linken, im Schoß ruhenden Hand und mit der Rechten in Wunschgewährungsgeste (varadamudrā). (112) Der Edelstein ist das »Denkjuwel« Cintāmaṇi, das seinem Besitzer alle materiellen Wünsche erfüllt, auf die er sein Denken richtet. Das Juwel wird manchmal als ovaler Diamant mit Flammenaureole, manchmal als sechssäuliger Bergkristall, manchmal als Perle mit Strahlenkranz dargestellt.

(112)

(113)

Ratnasambhavas dominante Eigenschaft ist die Freigebigkeit, die in der bildenden Kunst durch die in der Gebegeste nach unten und außen geöffnete Hand angedeutet wird. Durch den Besitz des Wunschjuwels ist der Süd-Buddha in der Lage, den sich an ihn wendenden Gläubigen aus Armut und Not zu befreien. Ein ihm unterstehendes Buddhaland kommt in den Texten nicht vor. Seine Farbe ist gelb – wie die im Süden strahlende Mittagssonne.

Darstellungen des Ratnasambhava in der Skulpturkunst lassen den identifizierenden Wunschedelstein häufig aus. Bei der chinesischen lackierten Holzfigur des 17./18. Jh., (113) im Besitz des *Staatlichen Museums für Völkerkunde* in München, ist nur an dem angekrümmten Mittelfinger der linken Hand erkennbar, dass die Figur etwas hält – eben den hier unsichtbaren Edelstein; in der Mußegeste (avakāśamudrā) würden die Finger flach liegen.

Nepālische Blockdrucke des Ratnasambhava stellen den Süd-Buddha manchmal mit dem Almosengefäß dar. (114) Das Wunschjuwel ist auf den Thron-Sockel versetzt und zu einem blumenstraußähnlichen Dreijuwel (triratna) geworden: *Buddha*, *Dharma* und *Saṅgha*. Ratnasambhavas Begleittier ist das (meist weiße) Pferd.

(114)

41. Śākyamunis Wiederkehr: der Zentralbuddha Vairocana

In den vorangegangenen Kapiteln war die Rede von den vier Buddhas der Raumgegenden: Akṣobhya (O), Ratnasambhava (S), Amitābha (W) und Amoghasiddhi (N). Wo ist derweil der zentrale Buddha Gautama Śākyamuni geblieben?

Wenn ihn auch das Goldglanz-Sūtra bei seiner Beschreibung des Raum-Maṇḍala (in Sbh 9 Ed. p. 120) nicht nennt: Er war stets – sei es gedacht oder in der Architektur durch den Mittel-Stūpa symbolisiert – als der zentrale Buddha des Raumsystems und der Buddha unserer irdischen Welt präsent. Allerdings wurde in den Kreisen der Gläubigen weniger von ihm gesprochen als früher: Mit dem Zwischenparadies Abhirati des Akṣobhya und erst recht mit dem noch prächtigeren Zwischenparadies Sukhāvatī des Amitābha, in die hineingeboren zu werden einfach und ein sicherer Weg zum Nirvāṇa war, konnte Śākyamuni mit seinem mühsameren Heilsweg nicht konkurrieren.

Es war das älteste Buch des Tantrayāna-Buddhismus, das »Tantra der Geheimversammlung« (Guhyasamājatantra) aus dem 6. Jh. n. Chr., das den

Amitābha (Westen)

Ratnasambhava (Süden)

Vairocana

Amoghasiddhi (Norden)

Akṣobhya (Osten)

(116)

Buddha Śākyamuni unter dem Namen Vairocana, »der Strahlende«, reaktivierte und damit das Zentrum des Raum-Maṇḍala wieder bedeutsam machte.[36] Durch die Erklärung des Tantra, die vier Außenbuddhas seien aus der Meditation (samādhi) des Mahāvairocana hervorgegangen (Gs 1 Ed. p. 2), wurde Vairocana für die Außenbuddhas zum geistigen Vater. Die Wiederbelebung des Maṇḍala-Zentrums durch den transzendenten Buddha Vairocana schuf das »Maṇḍala der fünf Vollendeten« (pañcatathāgatamaṇḍala): (115)

Kann man beweisen, dass es sich bei Vairocana um den umbenannten Buddha Śākyamuni handelt? – Dass Śākyamuni wie Vairocana das Zentrum des Raumsystems einnimmt, wird im Lotos-Sūtra (SP 7 Ed. p. 119) klargestellt, dass er gleich der Sonne sei, ist im Pālikanon nachzulesen: Als Śākya gehört der Buddha zum Sippenverband der Sonne (āditya) (Snip 423) und durchstrahlt (virocate) wie sie die ganze Welt (Snip 378 u. 550). Parallele Aussagen enthalten Mahāvastu (Ed. II p. 199) und Lalitavistara (26).

Vairocana, »der Strahlende«, wurde ursprünglich mit dem Attribut der Sonnenscheibe (sūrya) abgebildet, die er in den aufeinander gelegten Händen hielt – so zeigt ihn manchmal noch die japanische Kunst. In Indien und Tibet ersetzte man die Sonnenscheibe durch das Rad der Lehre. In dieser Ikonographie, mit dem achtspeichigen Rad der Lehre in den Händen, (116) stellt eine tibetische Bronze des 20. Jh. aus der *Sammlung Neumärker* den Zentralbuddha Vairocana dar.

Bei anderen Wiedergaben des Vairocana wird das Rad der Lehre durch die Handgeste des Ingangsetzens des Lehrrades (dharmacakrapravartanamudrā) ersetzt – so bei dieser nepālischen Schnitzerei (117) aus dem 18. Jh. (Privatsammlung). Das Dharma-Rad hat

(117)

einen Platz auf dem Thronsockel erhalten. Die beiden vorderen Ecken des Thrones werden von Löwen getragen, denn der Löwe ist das Symboltier des Buddha Gautama Śākyamuni, der oft als »der Löwe aus dem Śākya-Stamm« (Śākyasiṃha) bezeichnet wird: Die Predigt des Śākyamuni wird mit dem Löwengebrüll verglichen, das weitum vernehmlich ist. Der Löwe als Symboltier sowohl des Śākyamuni als auch des Vairocana ist ein weiterer Beleg für ihre Identität.

Wie erwähnt ließ, dem Guhyasamājatantra zufolge, der Buddha Vairocana die vier Buddhas der Raumquartiere durch seine Meditation ins Dasein treten; es lag folglich nahe, sich den Zentralbuddha Vairocana mit vier Gesichtern vorzustellen. Tatsächlich wird er vielfach so abgebildet: (118) Er durchstrahlt mit seinen vier Gesichtern alle Richtungen des Alls wie die Sonne und durchtränkt sie mit Licht und Erkenntnis; zugleich nimmt er alles wahr, was im All geschieht. In der viergesichtigen Form ist Vairocana der »Allwisser« (Sarvavid). Ein Zwischenparadies verwaltet er nicht, weil dies seine Grenzenlosigkeit aufheben würde. Seine Körperfarbe ist weiß.

(118)

IV.
Zum einen Buddha zurück: der Ādibuddha

42. Vairocana steigt zum Ādibuddha auf

Der Frühbuddhismus anerkennt jeweils nur einen Buddha in der Welt, seine Buddhas sind zeitlich gestaffelt. Der Mahāyāna-Buddhismus glaubt an gleichzeitige Buddhas, verteilt über die Quartiere des Raums. Der Tantrayāna-Buddhismus schließlich führt die Vielfalt von Buddhas wieder auf einen zurück, den er den *Ādibuddha*, den »Ur-Buddha« nennt. Die Anregung dazu gab vermutlich der islamische Monotheismus, der ab dem 8. Jh. in Indien bekannt wurde.

Die Voraussetzungen zur Einsetzung eines Urbuddha waren günstig. Der Mahāyāna-Buddhismus hatte das Gerüst der Dreikörper-Lehre (trikāya) eingeführt, in dem der Dharmakāya, die absolute Wirklichkeit und Wahrheit, den höchsten Realitätsrang besitzt. Unter ihm erstreckt sich die Ebene des Sambhogakāya, d. h. der transzendenten Buddhas der Weltgegenden, denen auf der tiefsten, der Nirmāṇakāya-Ebene jeweils ein irdischer Buddha zugeordnet ist. So war das folgende System entstanden:

Dharmakāya			Absolutes		
Sambhogakāya (Transz. Buddhas der Raumgegenden)	Vairocana	Akṣobhya	Ratnasambhava	Amitābha	Amoghasiddhi
Nirmāṇakāya (Irdische Buddhas der Zeiten)	Krakucchanda	Kanakamuni	Kāśyapa	Gautama	Maitreya

Die Einsetzung eines Ādi- oder Urbuddha ließ sich verwirklichen, indem man einen der transzendenten Buddhas aus der Sambhogakāya-Ebene heraushob und auf die Dharmakāya-Ebene versetzte, wo er unter dem Rangnamen *Ādibuddha* zur Personifikation des zeitlosen Absoluten wurde. Zum Ādibuddha besonders geeignet war der mit dem Buddha Śākyamuni identische Zentralbuddha Vairocana, »der Strahlende« oder »Sonnengleiche«.

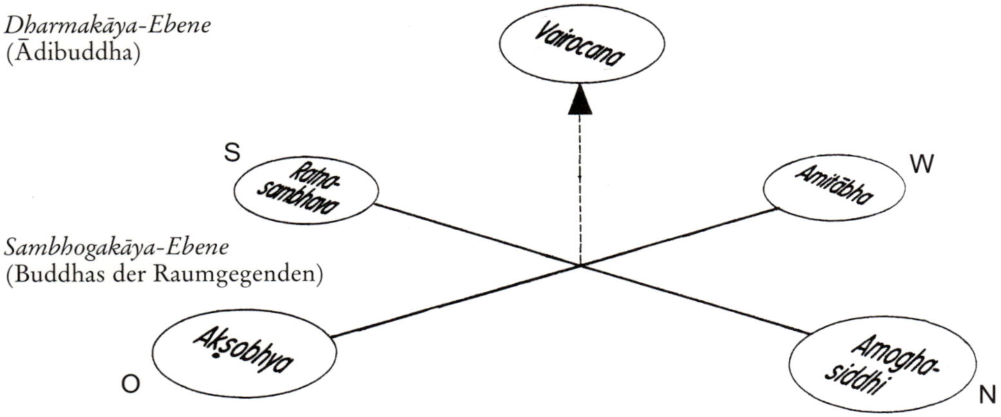

Durch die Aufstufung zum Ādibuddha war Vairocana über die Buddhas der Weltquartiere emporgehoben: Er war auf der Dharmakāya-Ebene zur Personifikation des Absoluten (tattva) geworden. Im Ādibuddha konnte das Absolute von den Gläubigen als Kultbild verehrt werden. Die Einführung des Ādibuddha war ein Versuch der Tantriker, einen zentralen Buddhakult zu schaffen. Es blieb beim Versuch, denn in der historischen Wirklichkeit Indiens drang die Verehrung des Ādibuddha Vairocana über tantrische Kreise kaum hinaus.

(119)

Einige tantrische Schulen stellten den Vairocana auch als Ādibuddha mit dem Rad der Lehre oder vierköpfig als Sarvavid dar, andere Schulen gaben ihm eine eigene Ikonographie. Auf einigen Zeichnungen und Rollbildern erscheint er in der Geste der höchsten Erleuchtung (uttarabodhimudrā) (119): die zu Fäusten geballten Hände sind vor der Brust aneinander gelegt, die Mittelfinger aber sind ausgestreckt und berühren einander mit den Spitzen. Bei einer Abwandlung dieser Mudrā sind die Finger verschränkt, die Zeigefinger aber liegen parallel aneinander zum Symbol, dass Vairocanas Individualität im Absoluten aufgegangen ist.

(120)

Anschaulicher noch ist die Handpose der Spitzenerleuchtung (bodhyagrimudrā), bei der der Zeigefinger der einen Hand von den Fingern der anderen Hand umschlossen ist. Ein Beispiel ist der tibetische Ādibuddha Vairocana des 15. Jh. in der *Staatlichen Eremitage* zu St. Petersburg. (120) Der emporgereckte Zeigefinger ist von den Fingern der Gegenhand so umringt wie das eine Absolute von der Vielheit der saṃsārischen Welt. Der Zeigefinger versinnbildlicht auch den Ādibuddha Vairocana selbst: der Eine, der in allem ist. Mit dieser Mudrā wird der Ādibuddha Vairocana auch viergesichtig dargestellt, (121) so auf einer vergoldeten Bronze aus Nālandā (13./14. Jh.) im *Indian National Museum* in New Delhi.

Begeisterte Aufnahme fand der Ādibuddha Vairocana in Ostasien. Im Shingon-Buddhismus wurde er als der Große Vairocana (Mahāvairocana) *der* Buddha schlechthin. Die Entwicklung ist nachvollziehbar, denn zum einen ist Vairocana (jap. Dainichi-nyorai) die Verbildlichung der ausstrahlenden Güte des Buddha Gautama Śākyamuni, zum anderen kam die Vorstellung eines sonnenhaften Zentralbuddha der japanischen Sonnenverehrung entgegen; der kaiserlichen Ahnherrin Amaterasu, der Sonnengöttin, hatte schon länger ein Kult gegolten.

(121)

Im Shingon-Buddhismus ist Vairocana der kosmische Buddha, der das Weltall durchdringt wie die Sonne (Skt. virocana). Aber er ist mehr als der Himmelskörper. Vairocana ist die Lebensenergie, die das Leben zwar nicht erzeugt (denn dann wäre Vairocana der Urheber des Leidens), aber die Geistigkeit alles Lebenden ausmacht. Alles Atmende ist leer von einer (ewigen) Seele, jedoch erfüllt von Vairocanas Buddhanatur. Vairocana ist das innerste Prinzip der Welt und in jeglicher Wirklichkeit gegenwärtig.

Eine großartige Skulptur des Ādibuddha Vairocana in der beschriebenen, aus Indien übernommenen Ikonographie befindet sich im Pulguk-sa-Tempel in Kyongju, Südost-Korea. (122) Sie stammt aus dem 8. Jh. n. Chr., als der Glaube an den Ādibuddha in Indien noch frisch war. Sie ist registriert als koreanischer Nationalschatz No. 26.

(122)

Während die Verehrung des Ādibuddha Vairocana in Ostasien noch heute lebendig ist, war sie auf indischem Boden nicht von langer Dauer; nacheinander wurden andere Buddhas zum Ādibuddha erklärt und traten an Vairocanas Stelle. Sanskrittexte, die Vairocana feiern, sind in der Originalsprache nicht erhalten und liegen nur in chinesischen Übersetzungen vor.

43. Der Ādibuddha Vajrasattva

Die Idee, dass das Absolute sich als Ādibuddha personifiziere und somit in der Kunst darstellbar und zum Kultobjekt wird, ergriff alle tantrischen Kreise. Keine generelle Zustimmung hingegen fand, dass ein *Sambhogakāya*-Buddha zum Ādibuddha aufgestuft worden war. Statt des Vairocana rückte bei vielen Tantrikern Vajrasattva, »dessen Natur der Vajra ist«, in den Rang des Ādibuddha ein. Sowohl er als auch die nach ihm zum Urbuddha erklärten Wesenheiten werden bereits im Guhyasamājatantra (6. Jh. n. Chr.) erwähnt.

Die *Sammlung Neumärker* enthält einen Ādibuddha Vajrasattva in Form einer mehrfarbigen bhutānischen Keramikskulptur des 20. Jh. (123) In der rechten, angehobenen Hand hält Vajrasattva das Donnerkeilzepter (vajra), das Symbol des männlichen Prinzips und des Ewigen, in der Linken die Glocke (ghaṇṭā), die das weibliche Prinzip und die Vergänglichkeit bedeutet, denn vergänglich ist die Welt wie ein Glockenton. Die Attribute (124) versinnbildlichen die Polarität Nirvāṇa/Saṃsāra. Dass der Ādibuddha Vajrasattva beide Attribute in den Händen hält, drückt aus, dass er die Gegensätze in sich vereint und aufhebt. Die Körperfarbe des Vajrasattva ist weiß, seine fünfblättrige Krone und sein Schultertuch sind blau. Blau ist die Farbe des Raumäthers, den Vajrasattva mit seinem Wesen durchdringt.

(123)

(124)

Am freudigsten begrüßt wurde der Ādibuddha Vajrasattva im heutigen Nepāl, denn als der Anfangs- (= Ādi-)Buddha mit dem Beinamen Svayambhūnātha, »der Herr, der aus sich selbst entstand«, verband er sich bei der Bevölkerung des Kāṭhmaṇḍu-Tals mit deren Ideen vom Ursprung der Welt. Oft stellen sie den Ādibuddha Vajrasattva auf einer Lotosblüte sitzend dar, die auf langem Stängel aus dem Urmeer hervorwächst: Der Ādibuddha existierte schon, als sonst noch nichts war. Vajrasattvas Heiligtum ist der Svayambhūnāth-Stūpa im Westen von Kāṭhmaṇḍu, wo der Ādibuddha als die personale Selbstoffenbarung des Absoluten verehrt wird.

44. Der Ādibuddha Vajradhara

Die dritte Darstellungsweise des Ādibuddha ist die als Vajradhara »Vajrahalter«. Er führt gleich Vajrasattva das Donnerkeilzepter (vajra) in der rechten und die Glocke (ghaṇṭā) in der linken Hand, kreuzt aber in der »Mudrā des Hūṃ-Machens der Vajra(Schule)« (vajrahūṃkaramudrā) die Unterarme vor der Brust – wie diese mongolische Kultbronze (125) aus dem 17. Jh. in einem Tempel von Ulan Bator (Mongolei). Der (grammatisch männliche) Vajra gelangt dadurch auf die linke (weibliche) Seite; die (grammatisch weibliche) Glocke auf die rechte (männliche) Seite. Die Kreuzungsgeste symbolisiert die Überwindung der Dualität, die Aufhebung aller Gegensätze im Ādibuddha: das Glückserlebnis der Unio mystica, die zu erfahren für den Tantriker die Erlösung bedeutet.

Manche Autoren interpretieren die Kreuzungsgeste anders, nämlich als die Heirat von Weisheit (prajñā, weibl.) und Methode (upāya, männl.). Das Sanskritwort upāya bezeichnet einen didaktischen Kunstgriff, der dazu dient, ein Wesen auf den Weg zur Erlösung zu führen.

Auf Malereien ist der Ādibuddha Vajradhara zumeist blau – wie der unendliche Raumäther, der Vajradharas Natur ausmacht.

(125)

45. Der Ādibuddha Samantabhadra

Der Tantrayāna-Buddhismus sieht die Erlösung im erlebnishaften Wiederfinden des (vermeintlich) verlorenen Absoluten, in der Aufhebung der von unserer Unwissenheit vorgegaukelten Zweiheit. Es lag nahe, dass die Skulpteure und Maler Asiens diese Vereinigung des (scheinbar) Getrennten auch in sexueller Symbolik ausdrückten.

Der vierte und bislang letzte in der Reihe konkurrierender Ādibuddhas ist Samantabhadra, »der ringsum Segensreiche«. Er wird ohne Kleidung abgebildet, denn er ist von allen Konventionen und Beilegungen frei. Seine Hautfarbe ist blau wie der grenzenlose Raumäther (ākāśa), der alles umfasst und durchzieht.

Nichts kann die Wiederfindung des Absoluten und die Stillung der Sehnsucht so bildhaft ausdrücken wie ein Paar in sexueller Vereinigung. Samantabhadra wird daher in Kohabitation abgebildet, (126) seine Partnerin, wie der Ādibuddha nackt, sitzt rittlings auf seinem Schoß und umklammert ihn mit Armen und Beinen. Ihr Name ist Samantabhadrī. Die Namensidentität bringt zum Ausdruck, dass Samantabhadrī mit dem Ādibuddha eines Wesens ist: Sie leitet sich aus ihm ab, ist mit ihm wesenhaft identisch und verschmilzt wieder mit ihm – wie alle Wesen nach Ablegung ihrer karmisch bedingten Individualität in der großen Wonne (mahāsukha) der Erlösung vom Absoluten ununterscheidbar werden.

(126)

*

Durch die Emporstufung des Sambhogakāya-Buddha Vairocana auf die Ebene des Dharmakāya und seine Ernennung zum Ādibuddha hatte sich die Sambhogakāya-Ebene wieder auf vier transzendente Buddhas verkürzt. Das folgende Schema stellt das abgewandelte System dar. Zu beachten ist, dass als Ādibuddha zu jeder Zeit nur *einer* gelten kann und es sich bei den vier genannten Ādibuddhas um eine historische Abfolge und, innerhalb einer jeden tantrischen Schule, um Alternativen handelt.

Dharmakāya (personifiziertes Absolutes)	Ādibuddha Vairocana *oder* Ādibuddha Vajrasattva *oder* Ādibuddha Vajradhara *oder* Ādibuddha Samantabhadra			
Sambhogakāya (Transz. Buddhas der Raumgegenden)	Akṣobhya	Ratnasambhava	Amitābha	Amoghasiddhi
Nirmāṇakāya (Irdische Buddhas der Zeiten)	Kanakamuni	Kāśyapa	Gautama	Maitreya

46. Das System der Ādi- und der Raumbuddhas im Überblick

DHARMAKĀYA-Ebene				
SAMBHOGA-KĀYA-Ebene				
	Akṣobhya	Ratnasambhava	Amitābha	Amoghasidd
Raumquartier	Osten	Süden	Westen	Norden
Mudrā	Erdberührung	Gewährung	Meditation, oft mit Almosentopf	Ermutigun
Attribut	Vajra	Juwel	Lotos	Doppelvajr
Begleittier	Elefant	Pferd	Pfau	Garuḍa
Farbe	blau	gelb	rot	grün
Zwischenparadies	Abhirati	—	Sukhāvatī	—

	Ādibuddhas			

Vairocana	Zum Ādibuddha aufgestufter Vairocana	Ādibuddha Vajrasattva	Ādibuddha Vajradhara	Ādibuddha Samantabhadra
Mitte	All	All	All	All
d der Lehre tend, oder dandrehung	Höchst-erleuchtung	re. Hand vor der Brust, li. im Schoß	Kreuzungsgeste	Meditationsgeste
d der Lehre	—	Vajra und Glocke	Vajra und Glocke	ohne; wird nackt dargestellt und mit Partnerin
Löwe	—	—	—	—
weiß	weiß	weiß oder blau	blau	blau
—	—	—	—	—

Anhang

Anmerkungen

1 Alle nichtislamischen Bildwerke Afghanistans sind im März des Jahres 2001 auf Befehl des Mullah Mohammad Omar von den radikalislamischen Taliban-Milizen zerstört worden, da Bildnisse lebender Wesen mit dem Islam nicht vereinbar seien. Die 53 bzw. 38 m hohen, aus dem 4./5 Jh. n. Chr. stammenden Buddha-Statuen von Bāmiyan, die durch Dschingis Khan (1222) und einige weitere islamische Angriffe bereits stark beschädigt waren, wurden gesprengt. Noch stärker zu beklagen ist der Verlust der gräkobuddhistischen Schiefer-Skulpturen im National-Museum in Kabul. Das Museum ist durch Kriegseinwirkung zerstört, die Restbruchstücke der Exponate sind geplündert worden.

2 Einen Abriss der Datierungsprobleme gibt H. Bechert: *Die Lebenszeit des Buddha – das älteste feststehende Datum der indischen Geschichte?* Göttingen 1986 (Nachrichten der Akademie der Wissenschaften in Göttingen, Phil.-hist. Klasse 1986 Nr. 4). Die Ergebnisse eines Datierungs-Symposiums, das 1988 in Göttingen stattfand, sind zusammengefasst in H. Bechert (Hrsg.): *The Dating of the Historical Buddha.* 3 vols., Göttingen 1991-97 (Abhandlungen der Akademie der Wissenschaften in Göttingen, Phil.-hist. Klasse 3. Folge, 189,194,222).

3 Die Pappelfeige Ficus religiosa. Der Baum ist an seinen herzförmigen Blättern mit der langen, seitlich ausladenden Spitze leicht zu identifizieren. Die Blattform ist ein häufiges buddhistisches Dekorationsmotiv.

4 A. L. Srivastava: *Life in Sanchi Sculpture.* New Delhi 1983.

5 Zeichnung nach dem Exemplar im British Museum, London. Eine Variante dieser Münze, ebenfalls aus Gold und aus der Zeit Kaisers Kaniṣka I, bildet den stehenden Buddha ab mit einer Almosenschale in Kugelform in der linken Hand. Dazu K. D. Bajpai: *Bodhisattva and Buddha – The Early Iconic Forms.* In: *Buddhist Iconography.* Delhi 1989 (Tibet House, Sambhota Series II).

6 In der Geburtsgeschichte in M 123 wird der Baum nicht erwähnt. Andere Texte spezifizieren ihn als Śāla (Shorea robusta) oder Plakṣa, eine Feigenart.

7 Die Haupt- und Zwischenhimmelsrichtungen sowie oben (Zenith) und unten (Nadir).

8 Die Legende macht sich mit den vier Ausfahrten Siddhārthas eine Erzählung zu Eigen, die im Pālikanon (D 14,2,1 ff.) auf den Vorzeitbuddha Vipaśyin (P.: Vipassin) bezogen ist.

9 Wörtlich: »Ich erinnerte mich des Vaters Śākya, als er eine (Acker-)Furche bearbeitete« (M 36,31). Da sich diese Tätigkeit nach Meinung einiger früher Kommentatoren mit den Aufgaben eines Rāja schlecht verträgt, wurde ein jährliches Pflügerfest erfunden, bei dem der Rāja zeremoniell eine Feldfurche zu ziehen hatte.

10 So – wörtlich »die Unbewegliche« – heißt die Erdgöttin in Lv 21. Andere Legendenbücher geben ihr die Namen Pṛth(i)vī, »die sich breit Erstreckende«, oder Bhūmī, »Erde«.

11 P.: pallaṅka, Skt.: paryaṅka, also nicht notwendig im Lotossitz mit verschränkten Beinen, der zumindest anfänglich schmerzhaft und anstrengend ist.

12 Nur Vermutungen auch bei H. W. Schumann: *Die großen Götter Indiens*, München [2]1999, S. 230.

13 O. Karow: *Burmese Buddhist Sculpture – The Johan Möger Collection.* Bangkok 1991, S. 3.

14 Der Name bedeutet »Herr des Jambu(-Kontinents)«. Als Jambudvīpa, »Kontinent des Rosenapfelbaums«, wird der indische Subkontinent bezeichnet.

15 O. Karow, *a. a. O.*, S. 3.

16 Ins Englische übersetzt in Band 3 von E. W. Burlingame: *Buddhist Legends – Translated from the original Pāli text of the Dhammapada Commentary*, 3 vols., Cambridge/Mass. 1921 (Harvard Oriental Series, vols. 28-30). Eine kürzere Version der Legende, die das eigentliche Doppelwunder aber nur nennt, nicht beschreibt, findet sich im Einleitungstext zu Jātaka Nr. 483.

17 Kurzfassung im Einleitungstext zu Jātaka Nr. 483.

18 Als Kuriosum erwähnenswert: Ob das vom Buddha gegen Devadatta verwendete Pāliwort kheḷāpaka, »Speichellecker«, beleidigend war oder nicht, wird akademisch untersucht von E. Lamotte: *Did the Buddha insult Devadatta?* In: *Buddhist Studies Review*, London, vol. 14 No. 1 (1997), S. 3 ff.

19 Anlass der Legende war vermutlich eine natürliche Verletzung, evtl. durch einen Steinschlag, wie er am Chattha-Berg vorkommt.

20 Saṃskāra. Saṃskāras heißen die Tatabsichten, die allem Tun (karman) vorangehen und karmische Frucht bedingen. Das durch die Tatabsichten Geschaffene (saṃskṛta), d. h. die als Karmafrucht entstandenen Persönlichkeitsbestandteile (skandha), heißen wiederum Saṃskāras, so dass der Terminus sowohl für die Ursache als auch deren Wirkung gebraucht wird. In den Sterbeworten des Buddha kann nur die zweite Bedeutung des Saṃskāra-Begriffs gemeint sein.

21 Nirvāṇa, der Erlösungszustand des Verlöschens, hat zwei Phasen. Das Nirvāṇa zu Lebzeiten tritt ein bei demjenigen, der die zur Wiedergeburt treibenden Kräfte Gier, Hass und Unwissenheit in sich vernichtet hat; diesen Zustand verwirklichte Gautama als 35-Jähriger mit der Erleuchtung (bodhi). Das Parinirvāṇa, das Nachtodliche Nirvāṇa, tritt ein, wenn der Heilige auch seinen physischen Körper abwirft. Damit ist er aus dem Wiedergeburtskreislauf (saṃsāra) hinausgetreten und nicht mehr mit Worten zu beschreiben.

22 Dass die umhüllten Füße des Verstorbenen noch zu sehen waren, spricht für eine relativ geringe Holzmenge.

23 Im Mahāvastu (Ed. I p. 67) heißt es sogar, der tote Buddha habe dem Mahākāśyapa die Füße durch den Scheiterhaufen entgegengestreckt.

24 Der Schüler-Duden *Die Religionen* definiert Doketismus als »theologische Auffassung über Wesen und Wirken Jesu, die seine irdische Existenz zum bloßen Schein erklärt. So ist Jesus nach doketischer Auffassung immer Gott geblieben, seine menschliche Existenzweise hat sein Wesen nicht berührt. ...«

25 Der Ort, von dem aus der transzendente Buddha seine Worte an die Menschheit richtet, ist der ins Mythische gesteigerte Geiergipfel (gṛdhrakūṭa). Auf diesem Berg bei Rājagṛha, wo der historische Buddha zahlreiche Lehrreden hielt, hat der

transzendente Buddha sein Paradies eingerichtet, das Durchschnittsmenschen allerdings nicht erkennen können.

26 Ob das heute im Jokhang zu Lhasa zu sehende, über und über mit Schmuck behängte Kultbild noch Identität mit dem ursprünglichen Buddhabildnis hat, ist allerdings zweifelhaft. Zu oft ist das Werk versteckt worden und wieder aufgetaucht, (angeblich) zerstört und wiederhergestellt worden.

27 Das Sanskrit-Wort amṛta bedeutet beides: Nektar und Todlosigkeit. Die Doppelbedeutung wird oft symbolisch benutzt.

28 Übersetzt in V. H. M. Zotz: *Maitreya – Kontemplationen über den Buddha der Zukunft.* Hann. Münden 1984, S. 57 ff.

29 Eine Form dieser Weissagungslegende wurde auch dem chinesischen Pilgermönch Xuanzang (Hsüan-tsang, Hiuen-tsiang) erzählt, als er auf seiner 16 Jahre dauernden Indienreise (629-645) den dreigipfligen Kukkuṭapādaberg (»Hahnenkrallenberg«) besuchte. Xuanzang schildert den Ort und die Weissagung in einem umfangreichen Reisebericht – S. Beal (Übers.): *Si-Yu-Ki – Buddhist Records of the Western World, translated from the Chinese of Hiuen Tsiang.* 2 vols. (Erstausgabe 1884) Delhi [2]1981 – Bd. 2, S. 142-144.

30 Siehe Anm. 7.

31 Deutsch nach der englischen Übersetzung in E. Conze: *Buddhist Scriptures.* Harmondsworth [4]1968, S. 121 f.

32 M. Hutt (u. a.): *Nepal – A Guide to the Art and Architecture of the Kathmandu Valley.* Boston 1995, S. 57.

33 Hier exzerpiert nach G. C. C. Chang (Hrsg.): *A Treasury of Mahāyāna Sūtras, Selections from the Mahāratnakūṭa Sūtra.* New York/London 1983, S. 315 ff.

34 Maitreya? Nach den Weissagungen über Maitreya soll Ajita der Vorname des zukünftigen *Buddha* Maitreya sein. Der *Bodhisattva* Maitreya hat den Vornamen Nātha.
Ajita tritt hier als Gesprächspartner an die Stelle von Ānanda, weil dieser die Selbstoffenbarung des Buddha Amitābha nicht wahrnehmen konnte. Den Pāliquellen zufolge (Cv 11,1,2+6) war er noch unvollendet und wurde erst nach dem Tode des Buddha zum Heiligen.

35 Da es nach mehrfacher Aussage im Lande Sukhāvatī keine Wiedergeburt als Tier gibt, müssen die dort lebenden Vögel durch Zauber entstanden sein.

36 Das Guhyasamājatantra enthält allerdings auch Stellen, die den Vairocana in den Osten und Akṣobhya ins Zentrum des Maṇḍala platzieren. Dieses veränderte Maṇḍala mag in Schulen des Tantrayāna-Buddhismus anerkannt sein: die große Mehrheit der Mahāyāna-Buddhisten nimmt als zentralen Buddha den Vairocana an, und von der Mittelposition aus steigt er später zum Ādibuddha auf.

Abkürzungen und benutzte Textausgaben

A	Aṅguttaranikāya (PTS-Ausgabe)
Atv	Akṣobhyatathāgatavyūha-sūtra
Āv	Āryamaitreyavyākaraṇa
Bc	Buddhacarita des Aśvaghośa
BST	Buddhist Sanskrit Texts, hrsg. von P. L. Vaidya, Darbhanga 1960 ff. (Mithila Institute)
Bv	Buddhavaṃsa (PTS-Ausgabe)
Cv	Cullavagga des Vinayapiṭaka (PTS-Ausgabe)
D	Dīghanikāya (PTS-Ausgabe)
Dhp	Dhammapada (PTS-Ausgabe)
DhpA	Kommentar (aṭṭhakathā) zum Dhammapada (PTS-Ausgabe)
Div	Divyāvadāna (BST No. 20)
Ed.	Editio, Ausgabe in der indischen Originalsprache
Gs	Guḥyasamājatantra (BST No. 9)
Gv	Gaṇḍavyūha-sūtra
Itiv	Itivuttaka (PTS-Ausgabe)
Jāt	Jātakam (PTS-Ausgabe)
Kv	Kāraṇḍavyūha-sūtra (BST No. 17)
LS	Laṅkāvatāra-sūtra, hrsg. von B. Nanjio, Kyōto [2]1956
Lv	Lalitavistara (BST No. 1)
M	Majjhimanikāya (PTS-Ausgabe)
Mv	Mahāvagga des Vinayapiṭaka (PTS-Ausgabe)
Mvu	Mahāvastu (BST Nos. 14-15)
Nk	Nidānakathā
p.	pagina, Seite im Originaltext (wird nur angegeben bei Werken ohne Abschnittnummerierung)
P.	Pāli
PTS	Pāli Text Society, London
Ṛv	Ṛgveda
S	Saṃyuttanikāya (PTS-Ausgabe)
Sbh	Suvarṇabhāsa-sūtra (auch: Suvarṇabhāsottama-sūtra), Ed. J. Nobel: *Suvarṇabhāsottamasūtra, Das Goldglanz-Sūtra, ein Sanskrittext des Mahāyāna-Buddhismus.* Leipzig 1937
Skt.	Sanskrit
Snip	Suttanipāta (PTS-Ausgabe)
SP	Saddharmapuṇḍarīka-sūtra (BST No. 6)
SvK	Sukhāvatīvyūha-sūtra, Kürzere Fassung (BST No. 17)
SvL	Sukhāvatīvyūha-sūtra, Längere Fassung (BST No. 17)
Thag	Theragāthā (PTS-Ausgabe)
Thīg	Therīgathā (PTS-Ausgabe)
Ud	Udāna (PTS-Ausgabe)
≈	ähnlich, d. h. gleicher Inhalt in abweichender Formulierung

Literatur

Biographien des Buddha

Die modernen Biographien des Buddha unterscheiden sich darin, ob sie sich auf den Pālikanon als Materialquelle beschränken oder auch die indischen Legendenbücher heranziehen. Der Pālikanon behandelt den Buddha mit Ehrfurcht, aber realistisch, die Texte in Gemischtem und Kunstdichtungs-Sanskrit hingegen schmücken das Leben des Buddha mit Legenden und Wundern aus. Die historischen Biographien bringen uns Gautama als Menschen und Lehrer nahe, die Legendenbücher beflügelten die Volksphantasie und lieferten Motive für die buddhistische Kunst. Zur Erläuterung der Ikonographie des Buddhabildes sind sie unverzichtbar.

E. H. Brewster: *The Life of Gotama the Buddha – compiled exclusively from the Pāli Canon.* London ^{6}1956

M. Carrithers: *Der Buddha – eine Einführung.* Stuttgart 1996 (Reclams UB Bd. 3941)

J. Dutoit: *Das Leben des Buddha – Eine Zusammenstellung alter Berichte aus den kanonischen Schriften der südlichen Buddhisten.* München-Neubiberg 1906

D. Forbes: *The Buddhist Pilgrimage.* Delhi ^{2}1999

A. Foucher: *La Vie du Bouddha d'après les textes et les monuments de l'Inde.* Paris 1949 (Gekürzte Übersetzung ins Englische: *The Life of the Buddha.* Middletown, Conn., 1963)

H. Hecker: *Das Leben des Buddha – Der innere und äußere Lebensgang des Erwachten, dargestellt nach den ältesten indischen Quellen.* Hamburg 1973 (Buddhistisches Seminar)

H.-J. Klimkeit: *Der Buddha – Leben und Lehre.* Stuttgart/Berlin/Köln 1990 (Urban-Bücher Bd. 438)

Ñānamoli Bhikkhu: *The Life of the Buddha as it appears in the Pāli Canon.* Kandy 1972

J. Naudou: *Buddha.* Gütersloh 1973

N. Nikkyō: *Shākyamuni Buddha – A narrative Biography.* Tōkyō ^{3}1981

H. Oldenberg: *Buddha – sein Leben, seine Lehre, seine Gemeinde.* Stuttgart ^{13}1959

R. Pischel: *Leben und Lehre des Buddha.* Leipzig ^{2}1910

M. Pye: *The Buddha.* London 1979

R. Raven-Hart: *Where the Buddha trod. A Buddhist Pilgrimage.* Colombo ^{2}1966

C. A. F. Rhys Davids: *Gotama the Man.* London 1928

W. Scholz: *Der Weg des Buddha.* Düsseldorf 1998

H. W. Schumann: *Der historische Buddha – Leben und Lehre des Gotama.* München ^{7}1999 (Diederichs Gelbe Reihe Bd. 73)

H. W. Schumann: *Auf den Spuren des Buddha Gotama – Eine Pilgerfahrt zu den historischen Stätten* (Bildband). Olten/Freiburg 1992

E. J. Thomas: *The Life of the Buddha as Legend and History.* London ^{6}1960

E. Waldschmidt: *Die Legende vom Leben des Buddha.* Graz ^{2}1982

C. Weber: *Buddhistische Sūtras – Das Leben des Buddha in Quellentexten.* Kreuzlingen/München 1999 (Diederichs Gelbe Reihe Bd. 156)
K. D. P. Wickremesinghe: *The Biography of the Buddha.* Colombo 1972
V. Zotz: *Buddha – mit Selbstzeugnissen und Bilddokumenten.* Hamburg 1991 (Rowohlts Monographien Bd. 477).

Bücher zum Ursprung des Buddhabildes und zur Buddha-Ikonographie

Die wissenschaftlichen Werke und die Museumskataloge zur indischen und/oder buddhistischen Kunst füllen eine ganze Bibliothek, und alle Bücher enthalten Erläuterungen zur Bedeutung des Buddhabildes. Die folgende Liste beschränkt sich auf Arbeiten, die den Ursprung und die Ikonographie von Buddhabildnissen speziell behandeln.

L. Adam: *Buddhastatuen – Ursprung und Formen der Buddhagestalt.* Stuttgart 1925
L. Bachhofer: *Early Indian Sculpture.* Delhi ^{2}1973
C. Bautze-Picron: *The Art of Eastern India in the Collection of the Museum für Indische Kunst, Berlin – Stone and Terracotta Sculptures.* Berlin 1998
B. Bhattacharyya: *The Indian Buddhist Iconography – mainly based on the Sādhanamālā and cognate Tāntric Texts of Rituals.* Calcutta ^{2}1958
F. W. Bunce: *An Encyclopaedia of Buddhist Deities, Demigods, Godlings, Saints & Demons – with special Focus on Iconographic Attributes.* 2 vols., New Delhi 1994
M. L. Carter: *A Gandhāran Bronze Buddha Statuette – its place in the Evolution of the Buddha Image in Gandhāra.* In: P. Pal (ed.): *A Pot-pourri of Indian Art* (s. u.)
L. Chandra: *Buddhist Iconography. Newly revised and enlarged Edition.* 2 vols., New Delhi ^{3}1987
N. Chutiwongs/D.P.Leidy: *Buddha af the Future – An early Maitreya from Thailand.* New York 1994 (Asia Society)
W. E. Clark: *Two Lamaistic Pantheons – from Materials collected by the late Baron A. von Stael-Holstein.* New York ^{2}1965
J. Cribb: *The Origin of the Buddha Image – The Numismatic Evidence.* In: *South Asian Archaeology 1981*, Cambridge 1984
J. Cribb: *A Re-examination of the Buddha Images on the Coins of King Kaniska – New Light on the Origins of the Buddha Image in Gandhara Art.* In: A. K. Narain (Ed.): *Studies in Buddhist Art of South Asia* (s.u.)
St. J. Czuma: *Kushan Sculpture – Images from Early India.* Cleveland 1985 (Cleveland Museum of Art)
V. Dehejia: *Aniconism and the Multivalence of Emblems.* In: *Ars orientalis*, vol. XXI (1991)
V. Dehejia: *Discourse in Early Buddhist Art – Visual Narratives of India.* New Delhi 1997
E. Errington/J. Cribb (Hrsg.): *The Crossroads of Asia – Transformation in Image and Symbol in the Art of Ancient Afghanistan and Pakistan.* Cambridge 1992

A. Foucher: *The Beginnings of Buddhist Art.* London 1917
O. Frankfurter: *The Attitudes of the Buddha.* In: *Journal of the Siam Society*, vol. X part 2, Bangkok 1913
L. Frédéric: *Flammarion Iconographic Guides – Buddhism.* Paris/New York 1995
G. Fussman: *Un Buddha inscrit des débuts de notre ère.* In: *Bulletin de l'École Française d'Extrême Orient*, vol. LXXIV, Paris 1985
G. Fussman: *Numismatic and Epigraphic Evidence for the Chronology of Early Gandhāran Art.* In: M.Yaldiz/W.Lobo (Eds.): *Investigating Indian Art.* Berlin 1987
N. Gadjin: *On the Theory of Buddha-Body.* In: *The Eastern Buddhist* No. 6 (1973), Kyōto
A. J. Gail: *Klöster in Nepal – Ikonographie buddhistischer Klöster im Kathmandutal.* Graz 1991
A. Getty: *The Gods of Northern Buddhism.* Rutland/Vermont/Tōkyō ^{2}1962
A. K. Gordon: *The Iconography of Tibetan Lamaism.* New York ^{2}1972
Lama A. Govinda: *Grundlagen tibetischer Mystik.* Zürich/Stuttgart ^{2}1966
A. Grünwedel/E.Waldschmidt: (Grünwedels) *Buddhistische Kunst in Indien.* Berlin 1932
A. Grünwedel: *Mythologie des Buddhismus in Tibet und der Mongolei.* Osnabrück ^{2}1970
M. Hallade: *Indien, Gandhāra – Begegnung zwischen Orient und Okzident.* München 1968
H. Härtel: *The Concept of the Kapardin Buddha Type of Mathura.* In: *South Asian Archaeology* 1983, Naples 1985
H. Härtel: *A remarkable inscribed sculpture from Mathura.* In: J. Guy (Ed.): *Indian Art and Connoisseurship*, 1995
K. L. Hazra: *The Ādi-Buddha.* Delhi 1986
H. Hoffmann: *Symbolik der tibetischen Religionen und des Schamanismus.* Stuttgart 1967 (Symbolik der Religionen Bd. 12)
A. F. Howard: *The Imagery of the Cosmological Buddha.* Leiden 1986
J. C. Huntington: *The Iconography and Iconology of Maitreya Images in Gandhara.* In: *Journal of Central Asia*, 1984-86
J. C. Huntington: *Origin of the Buddha Image – Early Image Traditions and the Concept of Buddhadarśanapunya.* In: A. K. Narain (Ed.): *Studies in Buddhist Art of South Asia* (s. u.)
J. C. Huntington: *Sowing the Seeds of the Lotus – A Journey to the Great Pilgrimage Sites of Buddhism.* In: *Orientations* vol. 16,11 (1985), vol. 17,2; 3; 7; 9 (1986)
J. C. Huntington: *Pilgrimage as Image. The Cult of the aṣṭamahāprātihārya.* In: *Orientations* vol. 18,4; 8 (1987)
S. L. Huntington: *The Art of Ancient India: Buddhist, Hindu, Jain.* New York 1985
S. L. Huntington: *Early Buddhist Art and the Theory of Aniconism.* In: *Art Journal* vol. 49,4 (1990)

S. L. Huntington: *Aniconism and the Multivalence of Emblems. Another Look.* In: *Ars Orientalis* vol. 22 (1992)

S. L. & J. C. Huntington: *Leaves from the Bodhi Tree – The Art of Pāla India (8th-12th centuries) and Its International Legacy.* Seattle/London 1990

A. Jha: *Tathāgata Akshobhya and the Vajra Kula – Studies in the Iconography of the Akshobhya Family.* Delhi 1993

R. Ju-Hyung: *From Bodhisattva to Buddha – The Beginning of Iconic Representation in Buddhist Art.* In: *Artibus Asiae* LIV 3,4 (1944)

O. Karow: *Symbolik des Buddhismus – Tafelband.* Stuttgart 1989 (Symbolik der Religionen, Tafelband zu dem u. g. Buch von W. Kirfel)

W. Kirfel: *Symbolik des Buddhismus.* Stuttgart 1959 (Symbolik der Religionen Bd. 5)

D. E. Klimburg-Salter (Hrsg.): *Buddha in Indien – Die frühindische Skulptur von König Aśoka bis zur Guptazeit.* Wien 1995

R. Knox: *Amaravati – Buddhist Sculpture from the Great Stūpa.* London 1992 (British Museum)

K. R. van Kooij: *The Architectural Context of the Early Buddha Image.* In: *South Asian Archaeology* 1991, Stuttgart 1993

Y. Krishan: *The Buddha Image, its Origin and Development.* New Delhi 1996

P. M. Lad (Ed.): *The Way of the Buddha.* Delhi o. J. (1956) (Publications Division, Ministry of Information and Broadcasting, Govt. of India)

L. Lancaster: *An Early Mahayana Sermon about the Body of the Buddha and the Making of Images.* In: *Artibus Asiae* No. 36 (1974)

D. I. Lauf: *Eine Ikonographie des tibetischen Buddhismus.* Graz 1979

J. Leoshko: *The Iconography of Buddhist Sculptures of the Pāla and Sena Periods from Bodhgayā.* Ph.D. Dissertation, Ohio State University 1987. 2 vols. in one. UMI Dissertation Services, Ann Arbor, Michigan

M. Lerner & St. Kossak: *The Lotus Transcendent – Indian and Southeast Asian Art from the Samuel Eilenberg Collection.* New York 1991 (Metropolitan Museum)

R. Linrothe: *Inquiries into the Origin of the Buddha Image – A Review.* In: *East and West*, vol. 43 (1993)

J. E. van Lohuizen-de Leeuw: *New Evidence with regard to the Origin of the Buddha Image.* In: H. Härtel (Ed.): *South Asian Archaeology* 1979, Berlin 1981

S. P. Mukhopadhyay: *Amitābha and his Family.* Delhi 1985

A. K. Narain (Ed.): *Studies in Buddhist Art of South Asia.* Delhi 1985

A. K. Narain: *First Images of the Buddha and Bodhisattvas – Ideology and Chronology.* In: A. K. Narain (Ed.): *Studies in Buddhist Art of South Asia* (s. o.)

L. Nehru: *Origins of the Gandhāran Style – A Study af Contributary Influences.* Delhi 1989

B. C. Olschak/Th.Wangyal: *Mystik und Kunst Alttibets.* Bern/Stuttgart 1972

P. Pal: *Light of Asia – Buddha Sakyamuni in Asian Art.* Los Angeles 1984 (County Museum of Art)

P. Pal (Ed.): *A Pot-pourri of Indian Art.* Bombay 1988 (Marg Publications)

D. Paul: *The Art of Nālandā – Development of Buddhist Sculpture AD 600-1200.* New Delhi 1995

B. Rowland: *The Evolution of the Buddha Image.* New York 1968 (Asia Society)

K. Sagaster (Hrsg.): *Ikonographie und Symbolik des tibetischen Buddhismus.* 4 Bde., Wiesbaden 1983-87

– Teil A 1. L.S.Dagyab: *Die Sādhanas der Sammlung Ba-ri Brgya-Rtsa*;

– Teil A 2. N. G. Ronge/L. S. Dagyab: *Die Sādhanas der Sammlung Ba-ri Brgya-Rtsa – Gottheiten, Gesten, Sitzhaltungen und Attribute*;

– Teil B. U. Toyka-Fuong: *Die Kultplastiken der Sammlung Werner Schulemann im Museum für Ostasiatische Kunst, Köln*;

– Teil C. U. Toyka-Fuong: *Die Kultplastiken der Sammlung Ernst Senner.*

V. V. S. Saibaba: *Probable Origins of Buddha-Image as the Object of Devotion and Worship.* In: *Buddhist Iconography.* Delhi 1989 (Tibet House, Sambhota Series II)

G. Schopen: *On Monks, Nuns and 'Vulgar' Practices – The Introduction of the Image Cult into Indian Buddhism.* In: *Artibus Asiae* 49, 1/2 (1988/89)

U. von Schroeder: *Indo-Tibetan Bronzes.* Hongkong 1981

H. W. Schumann: *Die großen Götter Indiens – Grundzüge von Hinduismus und Buddhismus.* München ³2001 (Diederichs Gelbe Reihe Bd. 129)

H. W. Schumann: *Buddhistische Bilderwelt – Ein ikonographisches Handbuch des Mahāyāna- und Tantrayāna-Buddhismus.* München ⁴2001

D. Seckel: *Kunst des Buddhismus – Werden, Wanderung und Wandlung.* Baden-Baden ³1980

R. C. Sharma: *Buddhist Art of Mathurā.* Delhi 1984

D. L. Snellgrove (Ed.): *The Image of the Buddha.* Paris/London 1978 (Serindia Publications/Unesco)

A. Sponberg / H. Hardacre (Eds.): *Maitreya, the Future Buddha.* Cambridge 1988

H. Uhlig: *Das Bild des Buddha.* Berlin 1979

E. Waldschmidt: *Die Entwicklungsgeschichte des Buddhabildes in Indien.* In: *Ostasiatische Zeitschrift* N.F. 6 (1930)

M. Yaldiz (Hrsg.): *Magische Götterwelten – Werke aus dem Museum für Indische Kunst Berlin.* Potsdam 2000

W. Zwalf (Ed.): *Buddhism – Art and Faith.* London 1985 (British Museum)

W. Zwalf: *A Catalogue of the Gandhāran Sculpture in the British Museum.* 2 vols., London 1996

Bildnachweise und Dank

Die Fotos von buddhistischen Stätten und von Stücken aus seiner Privatsammlung, dazu die meisten Fotos aus asiatischen Sammlungen und Klöstern stammen vom Verfasser. Die Fotos der Sammlung Neumärker hat der Sammler freundlicherweise selbst zur Verfügung gestellt. Frau M. Hessberger gab Erlaubnis, eine Bronze aus der Kollektion ihres verstorbenen Gatten zu fotografieren. Beiden Sammlern sei verbindlich gedankt.

Die Standorte der abgebildeten Museumsstücke sind jeweils im Text angegeben. Mehrere Museen haben Aufnahmen von Objekten ihres Hauses geliefert: zu danken ist dem Staatlichen Museum für Völkerkunde in München; dem Rautenstrauch-Joest-Museum für Völkerkunde in Köln; und dem Museum für Ostasiatische Kunst, ebenfalls in Köln. Das auf den vorangehenden Seiten häufigst genannte Museum, das Berliner Museum für Indische Kunst, hat der Zitierung von Aufnahmen seiner Werke ausdrücklich zugestimmt.

Die Buddhabildnisse des vorliegenden Buches wurden zitiert

1 nach *Museum für Indische Kunst Berlin*, Katalog der 1986 ausgestellten Werke, S. 178
2 nach D. E. Klimburg-Salter: *Buddha in Indien.* Kunsthistorisches Museum Wien 1995, S. 180
3 nach L. S. Bangdel: *2500 Jahre Nepalesische Kunst.* München 1987, S. 200
6 nach D. Mitra: *Buddhist Monuments.* Calcutta 1976, Abb. 3
10 nach A. de Silva-Vigier: *Das Leben des Buddha.* London 1956, Abb. 57
11 nach P. Pal (Ed.): *A Pot-pourri of Indian Art.* Bombay 1988, S. 40
14 nach W. Zwalf: *Buddhism – Art and Faith.* London 1985, S. 152
18 nach L. Nehru: *Origins of Gandhāran Style.* Bombay 1989, Abb. 140
20 nach S. L. & J. C. Huntington: *Leaves from the Bodhi Tree.* Seattle 1989, Abb. 19
23 nach H. Uhlig: *Das Bild des Buddha.* Berlin 1979, S. 111
24 nach R. E. Fisher: *Buddhist Art and Architecture.* London 1996, S. 20
25 nach Y. Krishan: *The Buddha Image.* New Delhi 1996, S. 10
26 wie Nr. 25, S. 71
30 wie Nr. 11, S. 56, freigestellt
32 Foto des Rautenstrauch-Joest-Museums für Völkerkunde in Köln
34 wie Nr. 25, S. 57
40 nach D. L. Snellgrove (Ed.); *The Image of the Buddha.* London 1978, S. 317
41 nach P. Krairiksh: *Das Heilige Bildnis.* Ausstellung in Köln 1979-80, S.209
43 nach R. Knox: *Amaravati.* London 1992, S. 61
44 nach D. P. Sharma: *Early Buddhist Metal Images of South Asia.* Delhi 2000, Farbteil Tafel 46
45 nach J. Marshall: *The Buddhist Art of Gandhāra.* New Delhi 1980, Tafel 95
48 nach R. Le May: *A Concise History of Buddhist Art in Siam.* Rutland, Vermont 1963, Abb. 185
49 nach G. Völger (Hrsg.): *Kunst der Welt im Rautenstrauch-Joest-Museum für Völkerkunde Köln.* München 1999, S. 71

50 nach *Palast der Götter.* Katalog der Ausstellung 1500 Jahre Kunst aus Indien 1991/92, Berlin, S. 77

51 nach B. Rowland: *The Evolution of the Buddha Image.* New York 1963, S. 55

57 wie Nr. 3, S. 176

62 wie Nr. 23, Abb. 90

68 Foto des Museums für Indische Kunst, Berlin, Aufnahme Niedermeiser.

69 wie Nr. 50, S.78

70 wie Nr. 23, S. 93

72 nach H. G. Franz (Hrsg.): *Das Alte Indien.* München 1990, S. 263

73 nach *The Way of the Buddha.* New Delhi o. J. (1956), S. 29

74 wie Nr. 20, Farbabbildung 30

75 nach W. Schulemann: *Die Kunst Zentralasiens als Ausdrucksform religiösen Denkens.* Köln/Opladen 1967, S. 33. Die Bronze hat im Museum für Ostasiatische Kunst in Köln die Inv.-Nr. C 77,25.

78 nach *Nepal, Kunst aus dem Königreich im Himalaya.* Katalog der Ausstellung von 1967 in der Villa Hügel in Essen, Abb. 49

79 Foto des Staatlichen Museums für Völkerkunde München. Aufnahme S. Autrum-Mulzer

80 ebenso.

81 wie Nr. 50, S. 80

85 nach J. W. Glauche: *Der Stupa – Kultbau des Buddhismus.* Köln 1995, S. 69

99 nach M. Pjotrowskij (Hrsg.): *Die Schwarze Stadt an der Seidenstraße.* Katalog der Ausstellung der Staatlichen Eremitage St. Petersburg im Museum für Indische Kunst in Berlin 1994, S. 187

101 nach St. J. Czuma: *Kushan Sculpture – Images from Early India.* Katalog der Ausstellung im Cleveland Museum of Art 1985-86, Cleveland 1985, S. 78

106 Foto des Staatlichen Museums für Völkerkunde München. Aufnahme S. Autrum-Mulzer

107 wie Nr. 49, S. 63

109 Archivbild unbekannter Herkunft

113 Foto des Staatlichen Museums für Völkerkunde München. Aufnahme S. Autrum-Mulzer

120 nach M. M. Rhie / R. A. F. Thurman (Hrsg.): *Weisheit und Liebe.* Katalog der Ausstellung tibetischer Kunst in Bonn 1996, S. 348

121 nach D. Seckel: *Kunst des Buddhismus.* Baden-Baden 1962, S. 233

125 nach *L'Art Bouddhique.* Genève 1990, S. 59

Index

Über den Autor

Hans Wolfgang Schumann (geb. 1928) studierte nach dem Abitur und einer Verlagslehre Indologie und Vergleichende Religionswissenschaft und promovierte 1957 an der Universität Bonn mit einer Arbeit zur frühbuddhistischen Philosophie. Von 1960 bis 1963 war er Lektor an der Hindu-Universität in Benares. Danach trat er in den Auswärtigen Dienst der Bundesrepublik Deutschland ein und war in der Folgezeit in Indien, Burma (Myanmar), den USA, Śrī Laṅkā und nochmals Indien eingesetzt; in Indien verbrachte er zwölf, in den buddhistischen Ländern Burma und Śrī Laṅkā zusammen acht Jahre. Während einer Heimatstationierung war er in der Zentrale des Auswärtigen Amts Referent für mehrere Länder Asiens; 1985/86 hatte er einen Lehrauftrag für Buddhismuskunde an der Bonner Universität. Von 1988 bis zu seiner Pensionierung 1993 war Schumann Generalkonsul der Bundesrepublik Deutschland in Bombay. Für seine Bücher *Der historische Buddha* und *Die großen Götter Indiens* wurde er im Jahr 2000 mit dem Rabindranath-Tagore-Literaturpreis der Deutsch-indischen Gesellschaft ausgezeichnet.